中国广播影视出版社

图书在版编目（CIP）数据

青春掠影 / 孟令琨著. — 北京：中国广播影视出版社，2019.1
ISBN 978-7-5043-8251-1

Ⅰ. ①青… Ⅱ. ①孟… Ⅲ. ①中国文学—当代文学—作品综合集 Ⅳ. I217.2

中国版本图书馆CIP数据核字(2019)第000746号

青春掠影
孟令琨　著

责任编辑　杨　凡
封面设计　文人雅士

出版发行　中国广播影视出版社
电　　话　010-86093580　010-86093583
社　　址　北京市西城区真武庙二条9号
邮　　编　100045
网　　址　www.crtp.com.cn
电子信箱　crtp8@sina.com

经　　销　全国各地新华书店
印　　刷　天津顾彩印刷有限公司

开　　本　710毫米×1000毫米　1/16
字　　数　200（千）字
印　　张　14
版　　次　2019年1月第1版　2019年1月第1次印刷

书　　号　ISBN 978-7-5043-8251-1
定　　价　50.00元

孟令琨 | Meng Lingkun

我叫孟令琨，是首都师范大学附属中学的一名高三学生。我一直勤奋努力，学习成绩名列前茅，1次被评为我校“优秀共青团员”，2次被评为校级“三好学生”，2次被评为区级“三好学生”。希望借此出版之机，进一步完善自我，提升能力。

热爱科学，潜心钻研，是我对治学的要求。化学是我的重点专业方向。在学习过程中，我目标明确，方法得当。首先，作为化学课代表，我不断夯实基础，善于自学，任劳任怨，敢于负责，能够圆满完成任课教师和班主任交待的任务，有效提升自身能力。其次，我有幸参加了为全校成绩前20名的学生提供的全国化学奥林匹克竞赛在校辅导，系统学习了高中乃至部分大学阶段的有机化学和无机化学课程，为今后深造打下了良好基础。另外，我喜欢钻研，寻根究底。例如，针对建筑外墙面、地下室等处的普遍渗漏问题，我想到防水材料必须对外界温度和外力具有一定适应性，由此展开防水材料封堵效果评价研究，参加2017年海淀区青少年科技创新大赛，并发表了相关论文。最后，我积极参与学校组织的游学考察活动。在新加坡南洋理工大学，我了解了国外先进的办学理念和前沿科技发展现状；通过在上海中科院、上海交通大学、苏州、杭州、扬州等地的科研实践，与同学合作完成了“一锅法合成新型有机半导体分子”等化学专项实验研究课题。

开阔视野，紧跟时代，是我对生活的态度。我喜欢看新闻、读书、旅游、踢足球、唱歌，从火热的生活中、从优秀的传统文化中吸收养分；富有团队精神，协调能力强，大到艺术节、校运会，小到班会，都积极配合老师的工作；参加了第二十届“语文报杯”全国中学生作文大赛（高中组），以表达热爱祖国的情怀，还将对亲人离世的哀愁、对文学的欣赏和对高中生活的感悟付诸笔端，变成了铅字。

服务社会，热心公益，是我对社会的感恩。通过《辉煌中国》《厉害了，我的国》等纪录片，我了解到我国近年来在各项事业取得的伟大成就，更坚定了报效祖国的决心。在生活中，我待人友善热情，做事全力以赴，多次受到表扬。积极参与各类社团活动，作为校合唱团的成员，用音乐充实内心，多次参加汇报演出。积极参加社会实践工作，通过担任“百队杯”志愿者活动，进一步了解到足球运动的魅力；通过慰问孤独症患者，深深体会到生活的不易，给这些弱势群体带去关爱，让他们重燃对美好生活的向往；通过在出版社库房帮忙，从繁忙的图书登记、搬运等工作中体会到出版的责任和对文化传承的坚守。这些活动锻炼了我吃苦耐劳、坚强不屈、乐于助人的精神，收获颇丰。

“博学笃志，格物明德”，这对一个高中生来说非常重要。我渴望钻研前沿科学，渴望培养自己对美的追求力和哲学思辨力。希望我的治学理念与人生规划相契合，实现我报效祖国、回报社会的理想。在今后的学习岁月里，我会把自己融入祖国发展的大潮，不怕困难，勇攀高峰，在未来遇见不可思议的自己。

孟令琨

2018年10月2日

○ 序

梦想，让青春飞扬

“生活赋予我们一种巨大的和无限高贵的礼品，这就是青春：充满着力量，充满着期待、志愿，充满着求知和斗争的志向，充满着希望和信心。”这是《钢铁是怎样炼成的》这部著作中的一段话。处于青春期的高中莘莘学子，该怎样做才能不辜负美好时光呢？

青春的路上，我们应充满志趣。席慕容曾经说过：“青春的美丽在于它的无邪与无瑕，在于它的可遇而不可求。”刚解下童年的行装，就被时间列车懵懵懂懂地推向了青春驿站。青春五彩斑斓，如诗，如画，如梦，更像嫩芽，带着一股永不服输的劲头，顶破泥土，享受晴空。我们如幼树，如朝阳，充满活力。运动会、音乐会、文艺汇演……，让我们尽情展示才华，挥洒激情。我们有满腔的激情与理想，希望得到成人世界的认可，于是我们叛逆嚣张，标新立异。我们喜欢在有限的时间里充实自己，马克·吐温、杰克·伦敦、高尔基、孔子、司马迁、韩愈、鲁迅、老舍、赵树理……，这些人生导师，带来了信念的坚定、情操的高尚、志趣的高雅，用精神食粮充实我们的灵魂，让我们的日子过得充实而愉快。在一年又一年的努力付出中，我们走过花季和雨季的烂漫，饱受汗水和泪水的浸润，在磕磕碰碰中体味，在跌跌撞撞中感悟，在失败跌倒中成长，在恰当时机中怒放。

青春的路上，我们应感恩关爱。青春的岁月让我们享受许多——健康的身体、充沛的力量、家人的呵护、亲朋的关爱。我们渴望成长，渴望挣脱种种的束缚，却又羽翼未丰。我们渴望能够独当一面，渴望被认可，却又能力不足。在这种情况下，多与家人和老师交流，可以从中学到人生智慧，学会推己及人，付出关爱；多与同学和朋友交流，可以拉近彼此的距离，感受家人般的温暖，让青春充满理解、激情与火热，还能学会以他人之长补自身之短。感谢亲朋和老师伴随在我们最美的青春里，并给予默默的支持，他们的关爱，是人生的一道靓丽风景，让生命有了特别的意义。很多时候，我们能够成功，并不全是因为自己一个人在努力，而是因为周围一群人把我们放在心上，不断鼓励、引导我们。感恩，让我们越来越关心和珍惜身边的人。

青春的路上，我们应不再退缩。正值青春期的我们可能会遇到挫折，对自己、对学习、对高考目标甚至是对人生充满迷茫。我们在得不到肯定的时候会感到失落，在遭受打击的时候会感到无助，会在梦想与现实之间徘徊，不知路在何方。尤其是现在处于高三阶段的我们，更能感到无形的压力。我们的世界被铺天盖地的辅导书和实战训练包裹得严严实实，升学的压力，老师父母的期盼，考试的失意，成绩的不稳定，像一张无形的大网，把我们愈捆愈紧，有时候感觉身心俱疲，心情忽好忽坏，动荡不停，真有一种想罢工的冲动。但是，苦恼也好，放弃也罢，只能是暂时的，为了自己的未来，为了家人和社会的重托，我们必须振作，让这些烦恼像拂面的微风吹过吧，很快又会是一片丽日暖阳！

青春的路上，我们应百炼成钢。人生是公平的，想获得更多就要付出代价。高中三年是人生中最充实的三年，也注定是一个拼搏的过程，如花的岁月必然要伴随血汗和泪水。现在遇到的逆境都是一种考验，为了心中的梦，我们不能松懈。与其抱怨，不如鼓足信心，伏案苦战，用积极乐观的心态面对挫折。考场上的失意，并不代表失志，从哪里跌倒就从哪里爬起来，千方百计找到方法克服，正视自己，自尊自爱，因为淬火后的精钢将会更加坚强。君不闻古有悬梁刺股、凿壁借光，今有断臂钢琴王子刘伟弹奏美妙琴音、威尔马鲁道夫战胜小儿麻痹症获奥运女子100米冠军？他们能超越自我，我们也能做到。胜利之果结在坚持不懈的岁月里，成功之花开在顽强奋斗的青春中。想想心中的理想，烦躁的心情就会灰飞烟灭，就能重整旗鼓，振作精神。我还没有做到最好，但会继续努力，阔步前进。

席慕容说："青春是一本太仓促的书，我们在冲动时打开，迷茫于故事情节中，却依旧期待一个完美的结局。青春是一条河，我们都是摸着石头过河的人，也许途中会迷失方向，也许沿途会有风浪，但是只要坚定信念，心若在梦就在，我们的青春一样可以绚烂。"伴随艰难困苦的总有亲人朋友的关心鼓励，和理想大学的召唤，是超越自我后的骄傲轻松。高考已经下了战帖，我们理当接下，快马加鞭，充满自信地奔向未来。首师大附中，是我梦想升起的地方，让我用微笑面对以后的挑战，面对更加努力的自己。

作　者

2018年10月10日

目　录
CONTENTS

第一部分　青春之语　匠心之文

第二部分 含英咀华 慧语文章

第一部分

青春之语　匠心之文

不忘奋斗的时光，再现壮阔画卷
——“砥砺奋进的五年”大型成就展感悟

高二第一学期

在刚刚闭幕的党的“十九大”上，“全面建成小康社会”成为最激动人心、催人奋进的字眼。中国之所以有这样的底气，是因为在这五年里，中国有了日新月异的进步。这种进步在“砥砺奋进的五年”大型成就展中得到了生动的展示。这场展示深深触动着我的心，看着一个个科研成果问世，我惊叹于中国人的智慧，并为祖国感到骄傲、自豪。我直观深切地意识到中国变了，变得日益强大，变得让我安心、踏实。

此次展览用丰富的展品和有趣的交互体验展现了党的“十八大”以来党和国家事业发生的重大变革。通过在现场的观摩，中国作为世界大国的

活力扑面而来。一个个“世界第一”让作为中国人的我们为之感到自豪与骄傲。习近平总书记曾说过，“我们比历史上任何时期都更接近中华民族伟大复兴的目标，比历史上任何时期都更有信心、有能力实现这个目标”。复兴，作为中国梦的一部分，最终落到人民的幸福生活上。

“砥砺奋进的五年”大型成就展于2017年9月25日在北京展览馆正式开幕，于2017年12月31日圆满落幕。展览安排设计了“序篇”“践行新发展理念引领经济发展新常态”“坚持中国特色社会主义政治发展道路推进国家治理体系和治理能力现代化”“坚定文化自信创造中华文化新辉煌”“以人民为中心增进群众获得感”“绿水青山就是金山银山迈入社会主义生态文明新阶段”“实现强军目标建设世界一流军队”“丰富‘一国两制’实践推进祖国统一”“推动构建人类命运共同体谱写中国特色大国外交新篇章”“全面从严治党确保党始终成为伟大事业的坚强领导核心”这十个主题内容展区和一个特色体验展区，全面宣传展示党的“十八大”以来党和国家事业发生的历史性变革。

本次展览通过大量的图片、文字、视频、实物、沙盘模型和互动体验项目等形式，立体化、全方位、多角度、全景式地展示了党的“十八大”以来党和国家事业发生的历史性变革。五年来，党和国家全面实施创新驱动发展战略，各个领域取得了重要突破。从探空的“天眼”到探海的“蛟龙”，从量子卫星天地一体化实验到“神威·太湖之光”超级计算机，从便携式水下机器人、暗物质粒子探测卫星——“悟空”模型到“蛟龙”号载人深潜器模型……一件件科技新成果的展品模型吸引人们驻足，拿出手机拍个不停。

“我国社会主要矛盾已经转化为人民日益增长的美好生活需要和不平衡不充分的发展之间的矛盾。”在党的“十九大”开幕会上，习近平总书记的这句论断令无数人为之兴奋。这五年来，我国的扶贫工作和教育工作取得了巨大成就。首先，中国最贫困人口的脱贫规模和速度世界上绝无仅有。中国精准扶贫的最大特点在于因人施策，每一个脱贫百姓的背后都有精准细密的工作。全国计划有1000万建档立卡的贫困人口，通过易地扶贫搬迁给予补贴住房，在安置点附近都有配套产业，根据每户的情况发展特色农业，看病、就业都比较方便。其次，教育领域综合改革全面展开。教育投入不断增长，教育质量显著提高。2016年，中国的教育经费总投入超过3万亿，实施面向农村和贫困地区的免费午餐工程和定向招生专项计划，让更多孩子享有优质教育的机会。……生动的讲述，让我们深切地感受到祖国的日渐强大，让我们感受到温暖和归属。

在“砥砺奋进的五年”大型成就展开展的一个月里，现场参观人数达266万，网上展馆参观量达2283万，观众的反响空前热烈。“这五年咱们国家真是干了不少事！”“太让人震撼了！”“咱们国家进步真快！”“厉害了，我的国！”“中国，加油！”“观看展览后，我感到自己非常幸运，能够生活在这样一个伟大的国家，能够成长在这样一个美好时代。”这样的惊叹和称赞，每天都回响在展区的各个角落，参观者纷纷为祖国五年来的成就点赞，电子屏幕上滚动展示着观众们的语音留言，表达着他们由衷的欣慰和自豪。这次展览，让人们更加清楚地认识到自己的使命和担当，也正不断凝聚力量，感召着更多的人为祖国奉献青春、贡献力量，为实现中华民族伟大复兴的中国梦而奋斗。

砥砺奋进的中国，富强美好的未来

高二第一学期

过去五年来，中国历史翻开了崭新一页。全国人民励精图治，成就辉煌，有了更多的获得感、幸福感和自信心。我们有幸处于这个伟大的时代，感知最生动的时代脉搏，记录最真实的奋斗故事，拥抱富有激情、浓墨重彩的未来。

一、创新驱动——不畏浮云遮望眼，只缘身在最高层

创新是引领发展的第一动力。党的“十九大”提出，我国要坚持实施创新驱动发展战略，加快建设创新型国家。“实施创新驱动发展战略，要抓好顶层设计和任务落实。”科技创新必须摆在国家发展全局的核心位置，瞄准世界科技前沿，力争在关键核心技术上取得突破。

中国人取得了丰硕的创新发展成果。创新已成为促进中国经济持续增长、提升综合国力的重要引擎。这五年，我国自主创新能力明显增强，一些重要的科学问题和关键核心技术已经取得革命性突破。我们浸润在创新氛围中，分享着创新成果。人工智能、互联网金融、电商、文化、教育、出行……新兴的创业项目已经涉足各行各业。中国的智能工厂已经遍布146个行业领域，每1分钟就有11家初创公司诞生，全球创新指数位居中等收入经济体第一。在航空航天领域，2017年，中国人现状研发出了大飞机航电系统，世界上最大的水陆两用飞机A G 600也顺利下线。在基础建设领域，

中国高速铁路建设实现重大突破，“复兴号”将北京和上海的距离缩短至4.5个小时；我国几乎所有的制造业都在大规模使用机器人；中国港机装备占全球的份额增长到82%……各项突破不断鼓舞着中国人的创新激情。

中国的创新驱动实质上是人才驱动。党的“十九大”提出，我国要坚持人才强国战略，最大程度地释放创新活力。中国政府为留学归国人才提供了优厚的创业条件，为留学人员建起几百家创业园，“千人计划”的归国专家都可以住进政府免费提供的公寓，免费解决厂房、能源等问题。现在，培养本土高层次人才的“万人计划”也已经启动。受此影响，越来越多有能力、有担当的人才投身到创业大潮中，他们坚忍不拔，带领团队突破沉疴旧制，实现弯道超车。更激励我们的是，中国年轻一代主导大科学工程正在成为常态。中国的大飞机研发团队、超导磁悬浮列车、5G技术、全球晶硅太阳能电池等领域的研发主力都是充满朝气的年轻人。“青年兴则国家兴，青年一代有理想、有本领、有担当，国家就有前途，民族就有希望。”中学生作为人才后备军，更应高瞻远瞩，发愤图强，千秋基业，你我共建！

二、协调合作——潮平岸阔催人进，风起扬帆正当时

坚持协调发展，就要重点促进城乡区域、经济社会协调发展。党的“十九大”指出，我国社会主要矛盾已经转化为人民日益增长的美好生活需要和不平衡不充分的发展之间的矛盾。我国要促进区域协调发展，坚决打赢脱贫攻坚战。

区域合作缩小贫富差距，惊喜不断。加强缩小贫富差距。“一花独放不是春，百花齐放春满园。”中国正在推进结构调整和产业协调发展，不断壮大第三产业；推进区域协调，重塑经济版图。中国东部9省市和13个城市对口帮扶西部10个省区市，“一带一路”、京津冀协同发展、长江

经济带等战略不断深入推进，东、中、西部以及东北“四大板块”共同发展，区域经济格局进一步优化。疏解北京的非首都功能，让北京的文化和科技、天津的金融和新制造、河北的现代商贸和物流优势互补。目前北京医院的医生已在河北260家医疗机构挂职，医疗合作让百姓享受到更多红利。长江经济带全流域协同行动成效也正在显现，区域经济格局进一步优化，昔日闭塞的内陆“乘风破浪潮头立”，正成为开放桥头堡。

产业转型实现精准扶贫，天下大同。“但愿苍生俱饱暖，不辞辛苦出山林。”中国正在积极推进扶贫，努力加强新农村建设和新型城镇化建设，缩小城乡差距。到2020年，中国要彻底消除贫困，全面实现小康。习总书记说，扶贫攻坚不要定好高骛远的目标，而是要因地制宜，精准脱贫。现在，扶贫工作已经到了滚石上山、爬坡过坎的关键阶段，因此要精准发力，因村施策，因户施策。从黄土高坡到雪域高原，从革命老区到民族地区，结对帮扶的对象覆盖了全国所有的贫困村；通过交通扶贫、旅游扶贫、金融扶贫等方式，发展特色农业，培植后发区域的独特优势。近五年来，中国平均每年有1300多万人摆脱贫困，连续5年每年新增城镇就业超过1200万人。中国人的改革胆识与魄力，塑造了众多区域协调发展典范。这种脱贫规模和速度世界上绝无仅有，我们应该向扶贫一线的楷模点赞！

三、绿色发展——暮色苍茫看劲松，乱云飞渡仍从容

绿色是永续发展的必要条件，生态文明建设已被纳入我国发展战略。党的“十九大”提出，我国要坚持可持续发展战略，推进绿色发展，建设美丽中国，加大生态系统保护力度，加快建设资源节约型、环境友好型社会。

污染治理重现蓝天绿水。人类欲望的无限性始终与资源的有限性矛盾共生，如今资源衰竭、生态破坏严重，让环保问题变得更加迫切。中国始

终坚持保护环境就是保护生产力，不以牺牲生态环境为代价换取经济的一时发展。中国铁腕治污，敢于啃硬骨头，正在以刮骨疗毒、壮士断腕的决心勇气向高能耗、高污染宣战，“三去一降一补”初步成效。中国出台了“史上最严”的新《环保法》，严格环保制度框架，地方政绩考核也变为以“绿色GDP”为代表的科学考核指标。中国关闭了大量污染企业，淘汰落后产能。例如，近五年来，河北一直在压减钢铁、煤炭、水泥和玻璃制造等过剩产能，努力打赢蓝天保卫战。京津冀地区同气连枝，对此都有切身体会。PM2.5浓度逐年下降，“奥运蓝”“APEC蓝”正在成为常态，更多地出现在博客、微信朋友圈。

绿色再造深种环保理念。“保护环境就是保护生产力，改善环境就是发展生产力。”善待环境，顺应自然，避免走先污染、后治理的老路，重现美丽中国，环境友好型社会建设取得重大进展。一方面，努力调整能源结构。中国已经成为世界节能和新能源利用第一大国。光伏、风力、水力、核能发电世界领先。一方面，实施退耕还林还草工程。我国全面禁止砍伐天然林，人工林总面积已达10.4亿亩。塞罕坝用55年时间筑起世界上面积最大的人工林，创造了荒原变林海的奇迹。另一方面，努力恢复水体生态。全国湿地保护体系已初见规模，海域水质优良比例达到73.4%。作为普通中国人，每一个人都在爬坡过坎，滚石上山。我们多植树，少开车，少排污，为环保做出贡献。“绿遍山原白满川，子规声里雨如烟”“落霞与孤鹜齐飞，秋水共长天一色”……古诗中的美好画面正在重现。

四、成果共享——宸游不为三元夜，乐事还同万众心

“小康”，是百姓对安定、幸福生活的渴望。坚持共享发展，必须从解决人民最关心的利益问题入手，满足群众多样化、多层次需要，注重机会公平，保障基本民生，打响全面建成小康社会攻坚战。

我们努力继承优秀文化，优先发展教育。中华优秀文化是中国人民的根和魂，中国在保护、振兴优秀文化上做了大量工作。我们欣喜地看到，39个项目被列为世界级非物质文化遗产，每年都有3000亿规模的文化产品走出国门；覆盖城乡的公共图书馆、文化馆和农家书屋等文化惠民工程“书香中国”浸润每一个向往文明的中国人；广播电视村村通、户户通的人口综合覆盖率超过98%，大多数百姓都能获得高品质的精神食粮。另外，我国坚持科教兴国战略，优先发展教育事业。2016年，中国教育经费总投入超过3万亿。普及高中阶段教育、发展特色现代职业教育和继续教育、改革高等教育，是我国教育的有益探索。“十三五”规划也提出，要促进教育公平、合理配置，公共服务要向农村倾斜。教育下乡、远程教育，定向招生，让更多农村学生享有与城里孩子一样优质的教育资源。

我们不断优化保障体系，护卫全民健康。通过积极推进健康中国建设，实现公共健身设施全覆盖。党的“十九大”提出，我国要实施健康中国战略，要打破地域、户籍隔阂，让群众公平享有基本的健康公共服务。“十三五”期间，我国将在2.4亿流动人口中全面落实11类基本公共服务项目，让健康服务计划惠及广大群众。我国也建立了更加公平、可持续的社会保障制度。实施全民参保计划，织就了全世界最大的基本医疗保障网；社保卡实现全国通用，基本实现异地结算；全面推行公立医院综合改革，目前河北已经有260家医疗机构与京津地区医院实现了跨区医疗合作，中国边远地区也都有了先进的远程医疗。“使老有所终，壮有所用，幼有所长，矜、寡、孤、独、废疾者皆有所养，是谓大同。”中国正在努力向大同世界前进，这种安定感和幸福感令世界赞叹。

这是一个奋进的中国。创新驱动、协调合作、绿色发展、成果共享，这是中国人构建的硕果累累的过去，也是中国人描绘的无限美好的未来。习总书记说：“人民对美好生活的向往，就是我们的奋斗目标。”世界上没有哪个国家能像中国一样，举一国之力去兑现发展承诺，实现百姓期盼，这是身为中国人的幸运和骄傲。“男儿自有凌云志，五湖四海皆为家。”责任催人奋进，实干成就辉煌。中国人从来都是端自己的饭碗，走自己的路，也有坚定的意志、充分的信心和足够的能力去创造新时代。让我们接过历史的接力棒，站在新起点，踏上新征程，书写恢弘篇章。祝福这个人才辈出的时代，祝福我们蒸蒸日上的祖国，祝福这个繁荣发展的世界！

奋进的祖国，时代的骄傲

高二第二学期

生活富足，社会和谐，国家富强，是人民的殷切期盼。同心同德，砥砺奋进，成就辉煌，是近年来中国发展的真实写照。中华民族实现了从站起来、富起来到强起来的历史性飞跃，有了更多的获得感、幸福感和自信心，有了更多的发展活力。我们有幸处于这个伟大的时代，有幸同祖国和时代一起，向全面小康社会冲刺。

一、创新驱动的中国引领未来

创新是引领发展的第一动力。坚持创新、引领发展，就是要瞄准世界科技前沿，力争在基础科技领域做出大的创新，在关键核心技术上取得大的突破。

中国一直把科技创新摆在国家发展全局的核心位置，大力实施创新驱动发展战略，成果丰硕。中国已经成为全球创新的重要发源地。中国科技进步对经济增长贡献率为56. 2%，重大创新成果不断通过新闻报道，传递着中国精神。在航空航天领域，2017年，世界首颗量子卫星“墨子号”让中国量子通信领跑世界，“天宫2号”成为中国第一个真正意义上的空间实验室。在基础建设领域，2016年中国工业机器人销量约9万台，世界第一；兰渝铁路建设的地质复杂程度堪称中国铁路建设史之最，而中国工程师通过自身的努力攻克了道道难关。第三，在计算机领域，中国已经掌握高纯度钨靶材核心技术，超算技术也已站上技术制高点。中国智慧攻克道道险关，鼓舞着每一个中国人的创新激情。

新“四大发明”带来了生活方式的巨大变化。移动支付、共享单车、高铁、网购，是外国人最想打包拿回家的中国礼物。第一，中国在引领全球支付体系的变革。我们身边随处可以使用移动支付，支付宝、微信、多点，成为支付新形式。第二，共享单车、共享电动车、共享汽车等形式正引领共享新时代。缤纷绚丽的共享单车不但已成为上班族、学生族的短途出行首选，还给国外多座城市带去绿色出行新方式。第三，高铁是中国远距离出行的重要选择。中国的高铁技术已毫不逊色于任何高铁强国。第一辆中国标准动车组复兴号时速高达350公里，而且运行平稳。第四，网购已成为消费者重要的习惯性选择。2016年，中国电子商务交易市场规模超过20万亿元。网购的发展离不开快递智能分拣系统，超级智能中心仓用上了最前沿的技术，无人车、无人机的使用，智慧物流体系建设领先全球。

二、协调发展的中国共同致富

坚持协调发展，就要重点促进城乡区域、经济社会协调发展，让西部开发、东北振兴、中部崛起、东部率先四大板块和谐共进。

加强区域合作，优势互补。第一，坚持协同发展，携手互利共赢。北京的文化和科技，天津的金融和新制造，河北的现代商贸和物流，京津冀定位不同，优势互补。雄安将打造蓝色白洋淀和绿色植被交织的生态新城和经济中心；目前河北已经有260家医疗机构与京津实现医疗合作，北京的老人去廊坊养老，取药与在北京一样方便。第二，坚持产业转型，瞄准高端产品。2016年，独霸河北工业十多年的钢老大让位给装备制造业。河北唐钢生产的镀锌板是我国最高端的汽车用钢，汽车钢和家电钢产量分别跃居全国的第一位和第二位；张家口的大数据产业规模在2020年将会超过千亿元，成为名副其实的“数坝”。我们现在看到的是绿色、开发、共享的京津冀发展圈。

坚持实事求是，精准扶贫。习近平总书记说，扶贫攻坚不要定好高骛远的目标，而是要因地制宜，分类指导。这五年，中国最贫困人口的脱贫规模和速度世界上绝无仅有。中国东部9省市和13个城市对口帮扶西部10个省区市，是推动区域协调发展、优化产业布局的大战略。中国精准扶贫的最大特点就在于因人施策，每一个脱贫百姓的背后都有精准细密的工作。全国已有1000万贫困人口实现了易地搬迁，安置点附近都有配套产业，给予补贴住房，看病、就业都比较方便；银行发放小额贷款，根据每户的情况发展特色农业。东西帮扶，河北农业大学教授李保国，这位“太行山上的新愚公”，手把手教河北阜平村民学种苹果树，带领 7 万多人走上了致富路。我们应该向这样的楷模点赞！

三、环境友好的中国节能减排

坚持绿色发展，就必须加快建设资源节约型、环境友好型社会。中国始终坚持保护环境就是保护生产力，不以牺牲生态环境为代价换取经济的一时发展。

生态文明建设已被纳入国家发展战略。这五年，绿色发展理念日益深入人心。首先，实施退耕还林工程。我国是全球沙漠治理的典范，是世界上唯一一个全面禁止砍伐天然林的国家，人工林总面积已达10. 4亿亩。塞罕坝是创造荒原变林海奇迹的地方。这里的树苗一年只长手掌高，但在艰苦条件下，塞罕坝人用55年筑起世界上面积最大的人工林，创造了高寒山地的绿色奇迹。其次，恢复水体良好生态。全国性的湿地保护体系已初见规模。河北衡水湖每年引黄入湖进行补水，杜绝用衡水湖湖水灌溉农田，调整周边种植结构，清理网箱，搬迁污染企业，水质得到极大改善。中国的海洋强国战略也已经启动。最近五年，中国近海域水质优良比例已经达到73. 4%，开发方式正在向循环利用型转变，拥有健康的生态。

调整能源结构，使用清洁能源。首先，淘汰落后产能。近5年来，中国铁腕治污，更多的企业展开了生产流程的绿色再造。近五年，河北一直在压减钢铁、煤炭、水泥和玻璃制造过剩产能，炸掉的烟囱有15000多根。其次，调整能源结构。河北钢铁企业从生产大路货到生产高端产品，汽车钢和家电刚产量分别跃居全国的第一和第二位。再次，严格环保制度框架。各级党政负责人都要管好中国的大江小河，源头严防、过程严管、后果严惩，成效显著。最后，中国已经成为世界节能和新能源利用第一大国。光伏、风力、水力、核能发电世界领先。太原为了摘掉“世界十大空气污染城市”的帽子，将原来的出租车全部换成电动车，成为世界上拥有电动出租车最多的城市。

四、成果共享的中国共奔小康

“小康”，是百姓对安定、幸福生活的恒久守望。坚持共享发展，必须从解决人民最关心的利益问题入手，注重机会公平，保障基本民生，共同迈入全面小康社会。

注重解民疾苦，保障全民健康。第一，优先发展文化和教育。覆盖城乡的公共图书馆、文化馆和农家书屋等文化惠民工程正在打造“书香中国”。2016年，中国的教育经费总投入超过3万亿，实施面向农村和贫困地区的免费午餐工程和定向招生专项计划，让更多孩子享有优质教育的机会。第二，建立更加公平、可持续的社会保障制度。中国养老金连续12年上调，五年来国家累计投入50亿元建立起农村幸福院、社区居家养老服务中心。中国全面推行公立医院综合改革，实施大病保险，探索“医联体”、远程医疗模式，到2020年，中国基本实现家庭医生签约服务制度全覆盖。

实施安居工程，保障优质农业。第一，推进城镇建设。全国实施城镇保障性安居工程，将常住人口纳入城镇发展规划，将随迁子女教育纳入财政保障范围，积分落户、户籍改革方案的实施，让进城务工人员也能享受公平的社会保障。第二，发展优质农业。现在，中国从事育种研究的科研机构数量是全世界最多的，绿色、高产的现代农业让很多地区不用再看老天的脸色吃饭。袁隆平带领团队培育超级稻，连续4年让中国粮食产量超过12000亿斤。今天的中国，粮食、蔬菜、水果、水产品产量都是世界第一，充盈安全的米袋子、菜篮子，正让中国百姓拥有更多的获得感。

我骄傲，我身后是一个团结奋进的祖国。举一国之力办大事情，创新驱动、协调发展、环境友好，成果共享，是中国独有的政治优势，世界上没有哪个国家能像中国一样，在短时间内用如此大的魄力去兑现和谐发展的承诺，快速地将百姓对安定、幸福生活的期盼变成现实。习近平总书记说，我们比历史上任何时期都更接近中华民族伟大复兴的目标，比历史上任何时期都更有信心、有能力实现这个目标。有一种骄傲叫我是中国人，有一种幸运叫我是中国人。站在新的历史起点，愿每个中国人用壮士断腕的决心踏上新征程，用凤凰涅槃的精神创造美好未来。祝福每一个中国人梦想成真，祝福祖国蒸蒸日上，祝福世界共享和谐！

喜迎“十九大”，不忘初心跟党走

高二第一学期

中国共产党第十九次全国代表大会于2017年10月18日在北京召开。党的“十九大”，是在全面建成小康社会决胜阶段、中国特色社会主义发展关键时期召开的一次十分重要的大会，承担着深入推进社会主义现代化建设的重大任务，事关党和国家事业的继往开来，事关中国特色社会主义的前途命运，事关最广大人民群众的根本利益。”

党的“十九大”的召开，让广大中国人民激动不已。鸦片战争后，中国遭遇了一百余年的战乱和动荡，不仅饱受外国侵略，而且各种势力割据，民不聊生，百姓充满了对和平的渴望以及对英明领袖的向往。自从1921年7月23日中国共产党成立以来，中国焕发出了新的生机。当时的中国共产党，受到国外马列主义先进思想的熏陶，将马列主义付诸中国实践，为当时处于黑暗中的中国人点亮了一盏明灯。事实证明，中国共产党始终以无产阶级为阶级基础，具有工人阶级思想的先进性，代表最广大人民群众的根本利益，因此得到了百姓的爱戴，从只有数百名党员的小党迅速发展成为现如今拥有数千万党员的大党，取得这样的优异成绩绝非偶然，而是历史抉择的成果。

从“一大”到“十八大”，再到“十九大”，如今中国共产党已经97岁了，它的丰功伟业正使中国在历史的快车道上全速前进。中国人民的生活翻天覆地，从原来的只能备受欺压、受侵略的“东亚病夫”，到现如今的军事强国，我们不由得为中国的变化感到骄傲。

一、优先发展教育事业

1. 教育的本质

教育的本质是唤醒心灵。真正的教育，必须以引导学习者成人，以发展人性、培养人格、改善人生为目的。教育的本质应该是培养一个人旺盛的求知欲、创新能力和探索未知世界的能力。教育以人为本，主要体现在尊重、培养、发展学生的主体性。人的主体性只有被唤醒、被培植起来，才能发挥其能动性、主动性、创造性。俞敏洪认为，真正的素质教育一方面提高学生的想象力、思维能力、批判能力，以及学生对知识探究的好奇心和创新能力的建设。另一方面，素质教育涉及身心健康的教育，保证学生不管是第一名还是最后一名，都能保持面对学习、面对未来的热情，以及敢于面对困难的精神。雅斯贝尔斯认为，教育是人的灵魂的教育，而非理性知识的堆积；教育本身意味着一棵树摇动另一棵树，一朵云推动另一朵云，一个灵魂唤醒另一个灵魂，如果教育不能触及人的灵魂，未能引起人的灵魂深处的变革，它就不能成为教育；斯普朗格认为，教育最终的目的不是传授已有东西，而是把人的创造力诱导出来，将生命感、价值感唤醒；马克思则认为，教育绝非单纯的文化传递，教育之为教育，正是在于它是一种人格心灵的唤醒。

目前高考制度的改革目标是减轻学生的学习负担，让学生在一定程度上可以向自己感兴趣的方向转移。此外，教育部已经开始把对学生综合素质的考察放在高考的评分中，让学生部分地从狭隘的分数中走出来，走向相对来说更加全面发展的方向。

当前和今后一个时期，教育要给老百姓送出4个“红包”，啃下3块“硬骨头”，完成6项任务。

4个“红包”：①到2020年，学前教育毛入园率要达到85%，普惠性幼儿园要占到幼儿园的80%以上；②义务教育均衡发展，着力化解“择校热”“大班额”；③全面普及高中阶段教育；④研究出台加强教师队伍建设的意见。

啃下3块“硬骨头”：①学前三年教育，毛入园率要达到85%，普惠性幼儿园占比要达到80%。②义务教育阶段控辍保学。③到2020年建立中国特色的高考招生制度体系。

党的“十九大”为教育事业的发展提供了强大思想武器。“心中有阳光，脚下有力量，为了理想能坚持、不懈怠，才能创造无愧于时代的人生。”这是总书记对青年人的寄语。在中国共产党第十九次全国代表大会上，习近平总书记代表第十八届中央委员会作报告，在“提高保障和改善民生水平，加强和创新社会治理”部分，首先谈到的就是“优先发展教育事业”。

党的“十九大”报告指出：优先发展教育事业。建设教育强国是中华民族伟大复兴的基础工程，必须把教育事业放在优先位置，加快教育现代化，办好人民满意的教育。要全面贯彻党的教育方针，落实立德树人根本任务，发展素质教育，推进教育公平，培养德智体美全面发展的社会主义建设者和接班人。推动城乡义务教育一体化发展，高度重视农村义务教育，办好学前教育、特殊教育和网络教育，普及高中阶段教育，努力让每个孩子都能享有公平而有质量的教育。完善职业教育和培训体系，深化产教融合、校企合作。加快一流大学和一流学科建设，实现高等教育内涵式发展。健全学生资助制度，使绝大多数城乡新增劳动力接受高中阶段教育，使更多人能接受高等教育。支持和规范社会力量兴办教育。加强师德师风建设，培养高素质教师队伍，倡导全社会尊师重教。办好继续教育，加快建设学习型社会，大力提高国民素质。

2. 关心和爱护青年的发展

习近平说：“全党要关心和爱护青年，为他们实现人生出彩搭建舞台。”中华民族伟大复兴的中国梦终将在一代代青年的接力奋斗中变为现实。作为祖国的未来，我们将是十年后的骨干力量。飞跃的进步绝不是在一瞬间完成的，而是需要刻苦的努力。观看展览后，我深切地感受到了自己肩负的责任重大。

青年兴则国家兴，青年强则国家强。青年一代有理想、有本领、有担当，国家就有前途，民族就有希望。全党要关心和爱护青年，为他们实现人生出彩搭建舞台。中国梦是历史的、现实的，也是未来的；是我们这一代的，更是青年一代的。广大青年要坚定理想信念，志存高远，脚踏实地，勇做时代的弄潮儿，在实现中国梦的生动实践中放飞青春梦想，在为人民利益的不懈奋斗中书写人生华章！

中华民族伟大复兴的中国梦终将在一代代青年的接力奋斗中变为现实。在这个新时代，将会有更多领域让年轻人大显身手。“一带一路”倡议、京津冀协同发展、建设雄安新区、长江经济带发展、粤港澳大湾区城市群发展……这些区域战略正在为年轻人搭建广阔的舞台。如今发展中的中国机遇随处可见，作为志在四方的青年党员，应该为自身的使命而自豪，更加珍惜时代，以高度的政治责任感和历史使命感履好职尽好责。

3. 加快建设人才强国

①人才是实现民族振兴、赢得国际竞争主动权的战略资源。要坚持党管人才原则，聚天下英才而用之，加快建设人才强国。②深化教育体制机制改革，为发展具有中国特色、世界水平的现代教育提供制度支撑。③培养造就一大批具有国际水平的战略科技人才、科技领军人才、青年科技人才和高水平创新团队。实行更加积极、更加开放、更加有效的人才政策，以识才的慧眼、用才的胆识、聚才的良方，把党内和党外、国内和国外各方面优秀人才集聚起来。鼓励引导人才向边远贫困地区、民族地区、革命老区和基层一线流动，努力形成人人渴望成才、人人尽展其才的良好局面，让各类人才的创造活力竞相迸发。

青春喜迎“十九大”，不忘初心跟党走。随着“十九大”的到来，我们没有理由不对中国有新的期许。过去的岁月告诉我们，跟着党走是一条完全正确的道路，我们没有理由不支持，不为之奋斗。作为新时代的共青团员，我们更应该为之奋斗。进一步学习马列主义先进思想，牢固树立大局意识，紧密团结在以习近平同志为核心的党中央，这样，中国没有理由不腾飞，“两个一百年”的奋斗目标也将实现。“十九大”，我们将开创新的辉煌！

中华传统节日习俗的传承和创新

高三第一学期

中华文化源远流长，博大精深，蕴含着古圣先贤对生命和宇宙的深刻体悟，也对世界的文明进程产生了深远影响。中国传统节日习俗与百姓的生活息息相关，让人们随时随地得益却不自知。党的“十九大”报告指出，深入挖掘中华优秀传统文化蕴含的思想观念、人文精神、道德规范，结合时代要求继承创新，让中华文化展现出永久魅力和时代风采。作为新时代的青年，我们必须树立高度的文化自信和文化担当，将传统节日习俗发扬光大。

中国传统节日习俗具有深厚的文化底蕴。传统节日是中华文化的重要内容，其中有许多民间习俗与百姓生活密切相关，极具民族特色和地域特点。中华优秀传统文化以儒道互补为内核，儒家的仁爱，道家的自然，佛家的慈悲，墨家的大爱，都是其中的优秀因子，体现在民俗节日、琴棋书画、文学音乐、茶道饮食等方方面面。《礼记》中说：“大道之行，天下为公……使老有所终，壮有所用，幼有所长，矜、寡、孤、独、废疾者皆有所养，是谓大同。”这是中国数千年来的美好愿望和执着追求。中国传统文化追求身心和谐，注重人伦关系，很多优秀的道德理念（如爱国爱民、正义诚信、己所不欲勿施于人等），不仅是中国的基本人伦法则，也逐渐被全世界所接受。这些思想都已融入传统节日习俗，化为中国人的自觉行为。例如，端午节是流行于中国及汉字文化圈的传统节日，也是中国首个入选世界非物质文化遗产的节日，具有2500年的历史。端午节主要是为纪念爱国诗人屈原而设立的——“节分端午自谁言，万古传闻为屈原”，体现了深厚的家国情怀。

加强传统节日习俗的传承和振兴。传承和振兴传统节日习俗，可以促进社会的和谐友善，凝聚民族精神，增强文化认同感，为此，社会各界做出了诸多努力。首先，政府大力推动传统节俗的保护、普及和振兴。中国政府不仅将清明节、端午节、中秋节、春节等承载着传统文化记忆的节日纳入国家法定节假日体系，还推动39个项目成为世界级非物质文化遗产，每年使3000亿规模的文化产品走出国门。其次，广大群众继承并丰富节日民俗活动。可以积极倡导人们在日常生活中保留传统仪式，并结合地域特色，深入挖掘节日习俗的科学价值和文化价值，赋予传统仪式以现代内涵。例如，端午节是流行于中国及汉字文化圈的传统文化节日，也是中国首个入选世界非物质文化遗产的节日，具有2500年的历史。端午节主要是为纪念爱国诗人屈原而设立的——“节分端午自谁言，万古传闻为屈原”，在这个节日里，政府和媒体多方推动，群众自觉传承传统，使民间活动丰富多彩，如浸糯米，包粽子，插艾蒿，挂菖蒲，灭蚊虫，划龙舟，等，极具民族特色和地域特色。

创新传统节日习俗的推广形式。所谓“新”，就是将中华文化推陈出新，用群众喜闻乐见的新形式来展现传统文化的内容，让人们重新认识、感受蕴藏在民族血脉中的传统文化。首先，在中国传统节日期间，主流媒体、自媒体都会浓墨重彩地推出生动有趣的宣传报道与深度分析，让节日氛围更加浓厚。例如，2018年端午节期间，中央电视台和各新媒体对端午的文化习俗做了大量报道，起到了很好的推广效果。中央电视台的《百家讲坛》栏目就以端午为主题做了一系列节目，介绍历史上与该节日相关的历史名人和习俗。其次，可以借助现代媒介手段，将传统节日发展为当代节日仪式，使节日文化深入人心。持续多年的春节晚会、元宵晚会、中秋晚会等电视晚会已成为传统节日的新习俗，年三十晚上看春晚更是早已成为“年俗”的一部分。另外，通过说唱等喜闻乐见的方式，可以在新媒体环境下，以更符合当代年轻人心理和情感特点的方式创建有内涵、可操作、易于传播的节日仪式。例如，最近，以《中国新说唱》为代表的传统新唱节目备受欢迎。它们都有一个特点：以新的形式展示中华传统文化。可以设想一下，当昔日课本上那些枯燥的习俗讲解以说唱等流行样式进入人们的视野时，会不会让人眼前一亮呢？

文运与国运相牵，文脉同国脉相连。优秀传统节日文化提供了丰厚的精神滋养，是中国人民的根和魂。珍重节俗文化之根，创新节日推广形式，让传统节日文化积淀更深层的精神追求。让我们接过历史的接力棒，去书写恢弘新篇章。祝福祖国蒸蒸日上，祝福世界和谐共享！

中国维护南海和平稳定的决心坚定不移

日前，中国政府发布了题为《中国坚持通过谈判解决中国与菲律宾在南海的有关争议》的白皮书。白皮书强调，中国一贯遵守《联合国宪章》的宗旨和原则，坚定维护和促进国际法制，尊重和践行国际法，在坚定维护中国在南海的领土主权和海洋权益的同时，坚持通过谈判协商解决争议，坚持通过规则机制管控分歧，坚持通过互利合作实现共赢，致力于把南海建成和平之海、友谊之海和合作之海。

南海的和平稳定对中国和周边国家的安全和经济发展至关重要，菲律宾阿基诺三世政府单方面提起的南海仲裁案，是对南海和平稳定的严重干扰和恶意破坏，中方不接受、不承认所谓南海仲裁案的结果，这体现了中国维护南海和平稳定的坚定决心。中国一直在为南海的和平稳定做出各种努力。

中国展现了解决南海问题的诚意。中华民族历来爱好和平，中国政府唯愿实行睦邻友好、亲诚惠容的周边外交政策。中国与东盟国家有着深厚的历史友谊，一直在不断密切、深化与东盟国家的传统友谊和交流合作，这是南海和平稳定的政治基础和现实保障。在南海问题上，中国首先提出“搁置争议，共同开发”，近年来又积极倡导“双轨思路”，并提出了一系列促进海上合作的倡议和措施。中国愿意全面有效地落实《南海各方行为宣言》，积极推进“南海行为准则”磋商，作为南海的沿岸国，中国与东盟成员国的共同利益远大于分歧，只要各方坦诚沟通，相向而行，就有意愿、有能力、有办法共同维护南海的和平和稳定。域外国家应尊重中国与东盟国家维护南海和平稳定的自主努力，发挥建设性作用。

古老的海上丝绸之路把中国和世界联系在一起。600年前，中国航海家郑和曾远涉鲸波，通过中国南海远渡东南亚、印度洋，带去了友好交流、平等贸易。如今，中国40%的货物和80%的进口能源经过南海。中国坚定支持南海的航行与飞越自由，以发挥南海和平稳定的巨大价值。中国作为南海安全自由的受益者，必然也是南海和平稳定的坚定维护者。中国高度重视南海国际航道的安全畅通，一贯维护并尊重各国依照国际法在南海的航行和飞越自由，积极参与到打击海盗和海上犯罪在内的诸多国际努力和国际机制制定和执行过程中。这不仅仅符合中国的利益，也符合世界各国共同的利益。在中国和东盟国家的共同努力下，南海国际航道安全畅通，贸易繁荣稳定，这是周边各国的共同期望，也是一定能实现的光辉未来。

《无问西东》观后感

高二第一学期

《无问西东》是一部探讨本我与自我、家庭与社会的电影。这部电影跨越近百年的历史，用四段清华学子不断追问自我的故事，传递了“真实、善良与爱”的理念，给出了人生问卷的答案，看后让人有诸多感慨。电影希望借此告诉我们，究竟该如何选择属于真实的生活。如果你看懂了这部电影，你就懂得了自己的真心。

从影院出来后，大师们鲜活的形象仍在我的脑海中回放。四代人有着截然不同的经历，这造就了他们不同的生活方式，但是不变的是追求内心的真实，是一颗颗积极向上的心。从梅贻琦到林徽因，再到钱钟书、邓稼先……贫苦时期年轻学者的迷茫，战争时期知识分子的风骨，建国初期青年支边的热血，和平时期保持善良的初心，四代人的青春和热血都浓缩在这部电影中，让整部影片充满热血和温情。

在电影中，担任清华大学校长的梅贻琦曾阐释了“真实”两字的内涵。20世纪20年代的青年吴岭澜，国文考试拔得头筹，理综成绩却名落孙山。他内心迷茫慌乱，于是开始独自思考读书的目的和人生的意义。幸运的是，他遇到了梅校长和泰戈尔，明白了要听从本心。梅校长找他谈话，并没有抛出任何说教和长篇大论，只是站起身来，慢慢地倒一杯热茶，问他求学的目的是什么。吴岭澜说，不管学什么，只要他在学习，把自己交给书本，心里就是踏实的。梅校长又问他："什么是真实？"吴不语。梅校长说："人把自己置身于忙碌当中，有一种麻木的踏实，但丧失了真实，你的青春也不过只有这些日子。"心灵随时被智者荡涤的感觉，就是真实。真羡慕吴岭澜有一个有思想、可以给他指点迷津的好校长。后来，在泰戈尔访华时，吴岭澜参加了一次学校举办的演讲会，听到泰戈尔讲"人对自己真实是最重要的"从中领悟到了"真实"的重要性。他也从当时那些风云人物的自信和从容的状态里找到了自我。日本侵华后，他去四川教书，去传播泰戈尔的思想，不断挖掘其与"真实"相关的思想的闪光点。吴岭澜在防空洞旁寄语："希望你们在今后的岁月里，不要放弃对生命的思索，对自己的真实。"在敌机轰炸时，他安静平淡地说："哪有学生不走，老师先走的道理？"话语至真至简，却充满了对生命的保护和对抗逆境的能力。

沈光耀的奉献精神让人感动。他出生于一个富人家庭，出身名门，生活优渥，在昆明的西南联大念书，至少乱世之中，生活是有保障的，但沈光耀可能是沈家唯一的血脉，正是如此，他的母亲总是劝他别去当兵，希望他可以平平安安过此一生。一方面是外族入侵，同胞受难；一方面是养育恩情。这也是中国人常常会遇到的选择，忠孝两难全，而沈光耀最终决定听从内心的选择，投笔从戎，将自己年轻的生命奉献了自己的祖国。沈光耀的妈妈说："当初你离家千里，来到这个地方读书，你父亲和我都没有反对过。因为，是我们希望你能享受到人生的乐趣。注意不是给我增添子孙，而是你自己，能够享受为人父母的乐趣。"作为这么明智的父母的孩子，沈光耀原本可以衣食无忧，去过舒心的生活。但是听到日军轰炸中国城市的新闻，看到被轰炸后的惨烈景象，他毅然决然地去做空军飞行员。母亲劝阻他，对他说："所追求的功名利禄，只是人生的幻光。我怕你还没想好要怎样过好这一生，命就没了。"但是，"今哀鸿遍野，饿殍满地，儿怎敢言累？今世界风云变幻，我辈大有可为，儿怎敢言累？”在家庭和国家优先性的选择上，他终究违背母亲的心愿，追随了自己的善良同情的真心，当飞行员，去报效祖国。在战火的洗礼下，蒙自村一片哀嚎声，人们饥不果腹，衣不蔽体，生命随时会终止。沈光耀冒着被敌人追踪的危险，不顾违背规则，不顾自身涉险，驾驶着飞机，用降落伞给难民们抛洒食物，就为了村名饥饿而充满希望的眼神，他不想让百姓卑微地活着，忍受苦难。试想如果他没有驾着飞机跟日军战舰同归于尽，没有为了战争的胜利而放弃自己的生命，估计他的人生会是另外一番景象。最令我感动的是沈光耀牺牲前呢喃的那句“妈妈，对不起”。为国捐躯，对陌生人伸出援手，做自己最想做的，不求回报，这种从容赴死的精神不禁让我潸然泪下。

影片中最让我感动的是，在警报拉响以后，学生带着课本钻进山洞，戴上伪装听老师授课。西南联大是中国高校教育史上的巅峰，是中国教育史上的奇迹，这里云集了各个领域的院士，虽然只毕业了将近4000学生，但走出了两位诺贝尔奖获得者，170多位院士和100多名人文大师。虽破瓦寒窑，虽战机呼啸，但老师们仍可以端坐不动，慢条斯理地聊泰戈尔，聊恐龙化石，享受思想上的自由和安宁。在战争年代，头顶战机的教授认真授课，学生认真上课，所有人都觉得这是一件最正常不过的事。那种求索的态度和不怕苦难的精神，我不止一次地在书中看到，无数次在脑海中描绘，终于从这部电影中看到了。正是因为中国有无数个这样的仁人志士，中国的未来才充满了希望。

不论是在战争岁月还是和平年代，真实，永远是最美好的字眼。这部影片真实感人，表现了众多仁人志士不屈从于命运安排的抗争精神和爱国情怀。他们满怀对社会、国家的责任，对弱者保有同情，不放弃对生命的思索，他们是民族的脊梁。

他们也引导我们真实地面对自我。仔细想想，谁的人生中没有如吴岭南一样，有过迷茫期呢？我不断地思考这个话题：我为什么要努力学习？学习只是追求排名吗？该如何坦然真实地面对自己？我也有过类似的迷茫，认为把自己拼命学习、努力去做就好了，可这种盲目的付出让我丧失了人生的方向。“这个时代缺的不是完美的人，而是那些从自己心里给出真心、正义、无谓、同情的人。”每个人都很珍贵，每个人都会对别人产生巨大的影响，愿你在被打击时，在迷茫时，在各种选择面前，听从内心，做无愧真心的事。爱你所爱，行你所行，听从你心，无问西东，成为最真实的自己，这就是真正的自我。

自古忠孝难两全，当我们探索更广阔多彩的世界时，可能会远离父母温暖的怀抱。幸运的是，我有像沈光耀爸妈一样开明通达的父母，父母从不限制我的发展，而是让我尽可能飞高、飞远。他们没有到达的地方，我们可以去。父母给了我们生的绚烂，让我们在成长中积聚前进的勇气。我们在父母长辈的指引下，在经历的每一件事中，不知不觉地塑造品格，掌握生存本领，因此，我们欠他们一声“谢谢”！

“真实”即当下的体验。这一切美好的根源都来内心的活力，一种积极向上的生命力。重要的是每一个选择都是出于你自己的选择，这样的你才不会懊悔。愿你在被打击时，记起你的珍贵，抵抗恶意；在迷茫时，坚信你的珍贵。爱你所爱，行你所行，听从你心，无问西东。

新时代，新青年
——我们在祖国发展中成长

2017—2018 学年

我们的祖国是在不断发展的——从祖辈的食不果腹到父辈的吃糠喝稀，再到我们这一代的衣食无忧，无不体现着祖国发展带来的福祉。全国人民励精图治，成就辉煌，有了更多的获得感、幸福感和自信心。作为祖国的未来，我们有幸处于这个伟大的时代，感知最生动的时代脉搏，不断健康幸福地成长。

“小康”，是百姓对安定、幸福生活的渴望。“但愿苍生俱饱暖，不辞辛苦出山林。”国家的一系列惠民措施，如取消农业税，完善医保福利，精准扶贫，缩小城乡差距，让更多农村学生享有与城里孩子一样优质的教育资源，满足了群众多样化、多层次的需要。近五年来，中国平均每年有1300多万人摆脱贫困，这种脱贫规模和速度世界上绝无仅有。“使老有所终，壮有所用，幼有所长，矜、寡、孤、独、废疾者皆有所养，是谓大同。”中国正在努力向大同世界前进，这种安定感和幸福感令世界赞叹。

我们这一代人与长辈相比幸福很多。长辈小时候要帮家里干很多活，复习功课的时间很少；家里没有电视，报纸也很少，信息闭塞，了解外界信息几乎全靠口耳相传；出行坐的是驴车，穿的是粗布衣服，家里还保留着很多迷信落后的观念。反观我们这一代，在改革开放以后，目睹了一系列的变化，我们抛弃了陈旧过时的观念，使用更先进的出行方式，享受着更高的生活水平。可以说，我们遇到了好时代。

我们见证了祖国的创新发展。从神舟五号到神州十一号，从嫦娥一号到嫦娥三号，从落后国家到世界第二大经济体……这一系列的变化，无不显示着我国综合国力的提高。人工智能、互联网金融、电商、文化、教育、出行……新兴的创业项目已经涉足各行各业。越来越多有能力、有担当的人才投身到创业大潮中，更激励我们的是，中国年轻一代主导大科学工程正在成为常态。中国的大飞机研发团队、超导磁悬浮列车、5G技术等领域的研发主力都是充满朝气的年轻人。“青年兴则国家兴，青年一代有理想、有本领、有担当，国家就有前途，民族就有希望。”中学生作为人才后备军，更应高瞻远瞩，发愤图强，千秋基业，需要你我共建!

我们见证了区域合作和可持续发展战略的成效。“一花独放不是春，百花齐放春满园。”中国正在重塑经济版图，“一带一路”、京津冀协同发展、长江经济带等战略不断深入推进。另外，我国坚持推进绿色发展，建设美丽中国。我们多植树，少开车，少排污，为环保做出贡献。“绿遍山原白满川，子规声里雨如烟”“落霞与孤鹜齐飞，秋水共长天一色”……古诗中的美好画面正在重现，一个资源节约型、环境友好型社会正在形成。

“潮平岸阔催人进，风起扬帆正当时。”责任催人奋进，实干成就辉煌。作为一个奋进中国的普通一员，我们每一个年青人都在爬坡过坎，滚石上山。我们从懵懂无知到逐渐成熟，随着祖国的发展而不断成长。我们要心怀感恩，接过历史的接力棒，用坚定的意志、充分的信心和足够的能力去创造新时代，书写恢弘篇章。祝福这个人才辈出的时代，祝福我们蒸蒸日上的祖国!

我的青春我的梦

高三第一学期

习近平总书记在参观“复兴之路”展览时，第一次阐释了“中国梦”的概念。他说：“大家都在讨论中国梦。我认为，实现中华民族伟大复兴，就是中华民族近代以来最伟大的梦想。”

在清朝末年，政治腐朽，列强入侵，拥有五千年历史的中华民族危在旦夕，但英勇顽强的中华儿女不断抗争，将侵略者赶出了国门。在这100多年的曲折与黑暗中，中国错过了很多发展时机。然而，中国人民没有放弃，而是不断寻找赶超的机会。改革开放的春潮使得中国的面貌焕然一新，迄今为止，中国的GDP处于世界前列，国民生活水平也越来越高。如今，“十三五”的目标之一——2020年全面建成小康社会正鼓舞着我们前行。

实现中国梦，要坚定信仰。习总书记的系列重要讲话，始终贯穿着“永不动摇信仰”这条红线。他指出，理想信念是共产党人精神上的“钙”，理想信念不坚定，精神上就会“缺钙”，就会得“软骨病”。多么生动形象的比喻！在新时期、新形势下，青年人获取信息的渠道日益多元化，但获得的内容既有精华又有糟粕，这就需要青年人时刻坚定自己的理想信念，及时“补钙”，抵制腐朽思想文化的侵蚀。我们青年人，作为祖国的未来，有能力，也有责任抛弃这些糟粕，学习先进思想，才能够坚定不移地投身于中华民族伟大复兴的中国梦中来。

实现中国梦，要务实进取。“‘空谈误国，实干兴邦’，这是千百年来人们从历史经验教训中总结出来的治国理政的一个重要结论。”因此，为了实现我们的中国梦，不能空谈，而是要付诸实践。我们要团结拼搏，勤于奋斗。中国梦的实现需要各民族团结一致，需要每个中国人奋力拼搏。人心齐，泰山移。大家心往一处想，劲往一处使，任何困难险阻都不能阻挡梦想前进的步伐。习总书记在五四讲话中曾说过：“现在，青春是用来奋斗的。”把握好青春年华，努力奋斗，才能不留遗憾。

实现中国梦，要勇于创新。党的“十九大”报告提出，创新是引领发展的第一动力，是建设现代经济体系的战略支撑。报告中，10余次提到科技、50余次强调创新。“倡导创新文化，强化知识产权创造、保护、运用。培养造就一批具有国际水平的战略科技人才、科技领军人才、青年科技人才和高水平创新团队。”

实现中国梦，需要青年的奋斗。青年兴则国家兴，青年强则国家强。青年一代有理想，有担当，国家就有前途，民族就有希望。年轻人对国家做出了突出贡献，例如，年轻人不仅发起了有关生态文明建设的议题，还能积极行动，保护鸟类、湿地，呼吁减排，参与大气污染的监测等，很多生态问题是由青年发现的。在知识经济时代，人才是推动经济发展的核心资源。国家对青年科技人才的重视，让青年科技人才有更多机会和发展空间，让我们有更多的底气、自信去奋斗！

中国梦是历史的、现实的，也是未来的，更是青年一代的。中华民族伟大复兴的中国梦终将在一代代青年的接力奋斗中变为现实。广大青年要坚定理想信念，志存高远，脚踏实地，才能不辜负青春年华，在不懈奋斗中书写人生华章！

人生要学会“清零”

2016—2017 学年

人生要学会清零。要放弃已经拥有的东西，是一个非常艰难的过程，但我们更应看重在此过程中能力的提高和素质的培养，不断追求卓越。

适时把自己“清零”，体现了一种大智慧。作家刘震云说过：“归零心态就是把自己心灵里的一切清空，把已经拥有的一切剥除。”“清零”不是妄自菲薄或消极避世，而是一种吐故纳新，是一种积淀与涵养、上升与提高。放得越空，拥有越多。《道德经》中说：“天地之间，其犹橐龠乎？虚而不屈，动而俞出。”天地之间，不就像个风箱吗？它空虚而不枯竭，越鼓动风就越多。不清空杯子，无法装入芬芳新茶；不张开双手，不会拥有大千世界；不清空心灵，无法创造更多智慧。因此，倒掉心中盛满的，才能让心灵甚至整个生命重生。

不可满足于过去的成功。有什么样的心态就有什么样的结果。人生最大的敌人莫过于自己。一个人是否成功，大抵取决于在人生“清零”的过程中是否战胜了自己。就像每一天都是在子夜时分“从零开始”，开启新的发展周期。顺境时，把自己适时“清零”，重新确定前进目标，才可以戒骄戒躁，取得新的突破。吴建国是大名鼎鼎的华为公司的创始人，现任中国人才招聘网的总裁。他曾在华为苦心经营了十年，却在华为鼎盛时期选择离开。他主动为自己清零，以挑战全新的世界。我们年青一代也要奋发进取，适应新环境，接受新挑战。

不可重复昔日的挫败。人生难免会遇到失败与逆境，勇于“归零”，才能重新开始，就像蝴蝶冲破束缚、破茧而出，像红日告别黑暗、冉冉而起。能给我们教训的，不能清零。唐太宗说：“以铜为镜，可以正衣冠；以古为镜，可以知兴替；以人为镜，可以明得失。”这句话至今仍然起到警醒作用。逆境时，固然会失去很多，但如果把每一次失败都视为新的起点，吸取教训再出发，才能重新面对自己，焕发出高度的事业心和责任感。爱迪生不顾别人的嘲笑，继续钻研电灯泡，他说：“至少这些经历告诉我这些材料不适合做灯丝。”类似经历虽然令人不快甚至痛苦，但如果清零，可能会走更多弯路。以他人的失误为鉴，有则改之无则加勉，牢记教训，才能更好地进步。

放弃是为了更高层次的拥有。适时把自己“清零”，就会重新开始，开辟另一番天地。敢于清零的人是充满自信的人，是勇敢跳出困境的强者。所以，要学会清零，善于清零，让生命在不断的挑战与追求中焕发别样的光彩。让我们吸收经验，吸取教训，去除杂念，轻松前行。

人生不设限

高一第一学期

人生，就是一条漫长的旅途，有数不清的路要走，有数不清的坎要跨过。不管是平坦大路还是坎坷小道，我们都要努力前行。

电影《阿甘正传》中有一句经典台词：“人生就像一盒口味各异的巧克力，你永远不知道下一块是什么。”因为智商只有75分，阿甘不得不进入特殊学校。因腿有残疾，母亲不得不为他套上一个笨重的铁架子，以辅助行走。放学后，同伴们讥笑他，捉弄他，朝他扔石头。女同学珍妮催促他快跑，阿甘惊慌之下拔腿就跑，跌倒了，就挣扎着再爬起来。渐渐地，铁架子不能再束缚他，他奔跑如飞。同伴们再也追不上他。这是阿甘人生中的第一个奇迹。

上天是公平的，它会令起点不高的人更深刻地认识到生活的真实，获得相应的回报。阿甘凭借惊人的奔跑速度成为橄榄球健将，又顺利从大学毕业。后来，他成为越战英雄，因战功显赫而受到总统接见。他可以为了纪念死去的战友布巴而干起自己并不熟悉的捕虾业，成为虾船船长，跑遍美国。阿甘用一直奔跑的、带有先天缺陷的身躯，诠释着执着和勇敢的定义，最终达到了许多智力健全的人也许终生都难以企及的高度。

另一个身残志坚的代表是尼克·胡哲。这是一位天生没有四肢的残疾人，只有左侧臀部以下的位置有一个带着两个脚趾头的小“脚”，他为此而饱受嘲笑和欺侮。医生曾预言他活不过五岁——因为器官的缺失使他无法正常地生存。但他顽强地活了下来，还学会了用嘴写字，学会了刷牙、游泳、冲浪和打高尔夫球，成为世界知名的“无肢勇士”和励志演讲家。

尼克·胡哲的身体是残缺的，但灵魂是富足的。尼克明白外表完美、内心破碎的人生对自己来说没有任何意义。经过了艰辛的努力，他读完了很多有关工商管理的图书。没有上过一天学的他自学成才，成为一名成功的企业家。另外，他在5大洲67个国家举办了1500多场演讲，用他自强不息的精神鼓舞了成千上万的人。他发表了一系列文章，出版了《人生不设限》《没有人敢欺负你》等多部畅销书，用自己残缺的肉体向世人展示他丰富的灵魂，鼓励世界各地的读者以及和他一样的残疾人，珍惜并感恩自己所拥有的，并竭力去爱更多的人，去追寻人生的信仰和价值，去发现人生的真相。

我们的人生充满了偶然。有的人常感觉生活困难重重，整天郁郁寡欢。相比之下，四肢健全的我们，面对的是一条相对平坦的大道，我们有什么理由退缩甚至放弃呢？其实每一个人的生命都是独一无二的存在，我们应该像阿甘和尼克·胡哲一样，去除心灵的杂念，保持坚定的信念，制定清晰的目标，就能够在人生中举重若轻，战胜艰难困苦，到达生命之巅。无论平坦还是坎坷，我们的人生都要走下去。只要脚踏实地，不懈奋斗，以平常心对待困境，一步一个脚印地走，就能踩出属于我们自己的生活轨迹。毕竟，人生不会不设限！

人生需要沉潜后的飞越

高二第一学期，期中考试

观察企鹅的行为，往往会带给我们不小的启示。企鹅在上岸前总是先一头扎入海中，拼命沉潜，然后借助浮力跃上岸。为了能够产生足够的冲力，它在深水中所受的压力是相当大的。

企鹅懂得通过深潜上岸，这让我们重新思考成功之道。在企鹅深潜的过程中，没有人看得见它的努力和所受的压力，不知道它在水下长期蓄力，才能够一冲而上，只看见它跃出水面时的壮观。我们从中可知，凡事都需要一个准备阶段，想要飞越，追求成功与功名，就不要惧怕压力和困难。这就像野生竹子，它在钻出地面前的两三年里长势甚缓，但时机一到，一场春雨过后，可以在一天之内从竹笋长成数米高的竹子，完美地展示积蓄的力量。

企鹅懂得质变需要时间。从量变到质变需要一个过程。多少人外表上看起来无所作为，却在暗地里努力，最终“不鸣则已，一鸣惊人”。所以，永远不要嘲笑现在没有明显成就的人，毕竟当自身能量积累到一定程度，一定可以令世界为之动容。孔子周游列国，不受诸侯赏识，却桃李满天下；司马迁受酷刑，却奋发而作《史记》；苏轼仕途不顺，却开一代词风。没有他们长年累月坚持后的暴发，谁又会关注到他们之后的光彩呢？世界首富比尔·盖茨宣称，只会给后代留下很少的资产，因为他知道适度压力、努力奋斗的重要性。而与此相对的是，在当今社会，多少“富二代”“官二代”不思进取，妄想凭借长辈的荫蔽一直不劳而获，最终一事无成，坐吃山空，成为只知享乐的空壳。困难并不可怕，可怕的是人们畏缩不前。没有压力，何来飞越？没有经受困难，何来成功？

企鹅懂得伺机上行。企鹅体型肥硕，身躯笨重，即便懂得蓄力，也要把握好角度和距离的才行。现代的商业也是如此。近期刚刚换代的苹果手机就是选择最佳时机来让新款上市。在手机大卖的背后，是足够的市场调查和对客户心理的准确把握，是足够准确的营销行动。这就像企鹅最后摆动双足时的总暴发，是决定结果的关键一步

企鹅懂得借力上行。企鹅借水的浮力上行，与人而言，就是市场、人脉、技术等。共享单车顺应了互联网时代的大势，解决了人们出行“最后一公里的”问题，才创造了新的商业模式。我们的祖国更是善于借力，在“一带一路”的国际倡议中如鱼得水，推动了市场的进一步国际化和全球化，带动了周边国家和地区的共同富裕。如今的中国获得了越来越多的国际认可，这何尝不是“顺势而行其道”、借力上行的结果呢？

机会总会眷顾有准备的人。我们不会生来就是扬名世界的大文豪、煊赫无比的艺术家，只有积小流才能汇成江河，聚累土才能成就高山，要将对成功的渴求化为主观努力的动能。人生需要沉潜，耐心、恒心加上努力，就是飞跃的保障。相信皇天不负有心人，终能飞跃到成功的彼岸。

论　底　气

高二第一学期，月考

底气，是人们面对困难的力量源泉。有底气、有信念，就能一步一步地造就成功。

底气来自远大的人生目标。锁定人生的坐标，不为现实困难所扰，才能“大鹏一日同风起，扶摇直上九万里”。想当年，在白色恐怖之中，毛泽东高瞻远瞩，指出了推进中国革命向前发展的正确道路，说明了星星之火可以造成燎原之势。革命高潮“是站在海岸遥望海中已经看得见桅杆尖头了的一只航船，它是立于高山之巅远看东方已见光芒四射喷薄欲出的一轮朝日。”正是由于心中的信念和目标，让文王拘而演《周易》，仲尼厄而作《春秋》，让司马迁受宫刑却留下了不朽名著《史记》。这些典范告诉我们，人生需要脚踏实地，更需要仰望星空，才能“上九天揽月，下五洋捉鳖”。

底气来自勤奋刻苦的努力。可以说，有了刻苦的努力，才能有能力、有自信，才能有底气。美国某零售商，在创业之初四处碰壁，但是老板非常有信心，喊出了“成为美国最大零售商”的口号。在这段时间里，他四处学习技术和经验，无论何处都要比别人做得更好。终于吸引了更多的顾客，取得了成功。《送东阳马生序》中的“我”，不惜远行万里，去文豪家中求教，纵使文豪待他态度不佳，“我”仍不改孜孜不倦的求教态度。在冬天，行走于严寒的深山幽谷之中，到学校后手足僵硬，不能活动，很久后才能缓过来。就是凭借这种勤奋学习的劲头，“我”终于学有所成，有了与他人一较高下的底气。可以说，刻苦的努力使一个人有了底气，有了信心，有了前进的动力。

底气来自无私奉献的精神。人生不只有阳关大道，还有泥泞的崎岖小路，越是面对艰难险阻，就越需要坚定不移的付出精神，我们可以为社会奉献自己的辛劳、泪水和血汗，实现人生价值。诸葛亮为蜀国操劳一生，鞠躬尽瘁，死而后已。他善治国，能尽时人之器用，令蜀国百姓和对手折服；“三顾频烦天下计，两朝开济老臣心。出师未捷身先死，长使英雄泪满襟。”于谦的奉献精神也令人印象深刻。“土木堡之变”后，大明王朝岌岌可危，在这种情况下，于谦领导了北京保卫战，打败了来犯的瓦剌军队，还不顾可能被后世诟病，毅然另立新君，将大明王朝的生命又延续了200年。林则徐慷慨陈词：“苟利国家生死以，岂因祸福避趋之！”正是这种对事业的不求回报的大爱和全身心的付出，成就了国家的繁荣富强。

底气来自正直不屈的人格。不迷惑于权势名利，不折服于艰难困苦，“富贵不能淫，贫贱不能移，威武不能屈”，这是大丈夫的本色。在艰苦的斗争环境中，革命志士即使身陷囹圄，仍坚持斗争，视死如归。闻一多拍案而起，宁可倒下，不愿意屈服。《红岩》中的江姐受尽酷刑，仍坚贞不屈；许云峰，为了不暴露秘密通道，选择了英勇就义，把生还的希望留给了别人。革命斗士以难以想象的毅力顽强地与反动派抗争到底，肉体上的折磨动摇不了精神上的正义，反而更使他们的坚定不移。正是这种不屈的斗争才换来了我们如今的幸福生活。

底气来自安身立命的能力。世上无难事，只怕有心人。范蠡就是这方面的代表，显示了成功人士的特殊魅力。在政治上，他能不被权力所控制，宁可被关入石牢也不为吴国的高官厚禄所动，他通过藏富于民，轻徭薄赋，“不乱民功”，使越国快速繁荣起来，最终辅佐越王勾践成就天下霸业，兴越灭吴，青史留名。在经济上，他有自己清晰的经商哲学，又不被财富所约束，三次聚财三次散财。他功成名就后辞官归乡，又创造了商海奇迹，成为当时的中国首富，人称“陶朱公”。在这多磨多难的人生道路上，我们要像范蠡那样，从多方面培养能力，用自己的双手开辟成功之路。如果依仗家里的权势便不学无术，终究会坐吃山空，一事无成。

所有人的成功都离不开“底气”二字。有了底气，便有了拼搏的资本。宋代张耒说：“业无高卑志当坚，男儿有求安得闲。”作为新时代的一员，更应无私奉献，正直不屈，确立正确的人生目标并为之奋斗拼搏，如此，便不会害怕山高路远、日久年深。奋斗吧，青年！

其实，内心的障碍最可怕

2016—2017 学年第一学期，期末考试

朋友，在面对特别困难的事情时，你心中是否想过打退堂鼓？这就是所谓的“内心障碍”。很多时候，我们能轻易识别外界的干扰，然后鼓足勇气，全力以赴去克服困难。但在内心为自己设置的障碍，我们却不能轻易察觉到。让我讲述一件发生在自己身上的事吧。

记得小时候，我经常在国庆节期间去乡下帮助亲戚收玉米。地里空气闷热，光线很暗，还有一团团飞舞的蚊虫会随时迷人的双眼；高高的玉米秸秆表皮粗糙，叶片边缘经常划破人的皮肤；空气中还有一股很浓的农家肥的味道。就是这样的一片玉米地，将成为我挑战的对象。我需要把玉米一个个掰下来，装到盛粮食的大口袋里，然后把口袋背出地头。口袋很重，每个至少有五六十斤，要往返很多趟。我们一天要收三亩地，这种辛苦可想而知。

看着长辈一个个心平气和、有说有笑地走进去，站在地头的我心中充满了犹豫。没过多大一会儿，各位长辈已经掰完四垄转回来了。他们看着仍在地头上徘徊的我，想到我平时很少做重活，就体贴地说：“你不用干活了，回家找你弟弟玩吧。”

被长辈如此轻视，让我很不服气。我虽然没有干惯农活，但我可以学着做嘛，哪能还没干就打退堂鼓啊！我勇气陡增，克服了心理障碍，下定

决心大干一场。当时我虽年龄小，但干活的尽头不小。走进去才发现，困难远比我想象的要小。臭味重有什么大不了的？闻多了鼻子就麻木了。空气闷热有什么大不了的？少穿点就适应了。飞虫多有什么大不了的？涂点花露水就好。爬虫厉害有什么大不了的？戴上手套就不怕了。光线暗有什么大不了的？我的视力1.0呢……

“困难像弹簧，你强它就弱，你弱他就强。”我的行动就验证了这种说法。我一边掰玉米，一边和长辈聊着天，开心的讨论让人忽略了劳动的辛苦。中午不知不觉就到了，我帮着把玉米运到三轮车上，任务全部完成了。现在手套磨破了，腰酸背痛，汗水湿透的衣衫粘在身上有些不太舒服，脸上的汗渍一道一道的，辘辘饥肠也在提醒我们该回家了。我走出玉米地，站在地头，一边喝着水，一边回头审视我们的“战果”，不禁为当时的犹豫而感到好笑，也为自己的劳动而自豪。

相比困难本身，内心的障碍或信心会对人产生更大的影响。著名的心理学大师卡耐基经常提醒自己：“我想赢，我一定能赢，结果我又赢了。”布勃卡是著名的奥运会撑杆跳冠军，享有“撑杆跳沙皇”的美誉。布勃卡成功的秘诀是：“在每一次起跳前，我都会先将自己的心‘摔’过横杆。”正是靠这种积极进取的心理暗示作用，布勃卡才不断超越自我，刷新世界纪录。以后不妨多问自己一句：“我所面临的困境，是不是自己设置的障碍？”所以尽管放手尝试，只要有勇气，有毅力，再大的困难也能克服。

同一件事情，从不同角度思考，就会有不同的结果。阻碍我们成长的因素可能来自外界，但更多的是来自潜藏于内心、自我设置的障碍。我们可能为此苦恼过、沮丧过，但与其把时间花费在犹豫、逃避、痛苦上，不如打开思维，迈开脚步，“让自己的心先过去”，困难才能迎刃而解，我们看到的会是更广阔的世界。

物竞天择，适者生存——说“争”

高一第二学期，开学测试

古语有云：“逆水行舟，不进则退。”“争”早已融入万物的骨血，构成这个世界的运行法则。竞争犹如玫瑰，既有娇艳芬芳，也有锋利尖刺。要想在竞争中占有一席之地，就必须快人一步、高人一等，否则将被无情地淘汰。

“争”的内涵，体现在生活的方方面面。

第一，“争”是一种生存法则。达尔文曾经提出“物竞天择，适者生存”的观点。在自然界，物种之间、物种与自然之间不断抗争，而这种竞争是无情、利己和严峻的。母鹰把刚刚几个月大的小鹰无情地推下悬崖，让小鹰在死亡的阴影中成为生存的强者；有了狼群的追捕，羚羊才能健步如飞；有了鲨鱼的追捕，箭鱼才能疾游似箭；如果让天敌淘汰畸形的动物，斑马、鹿等动物种群才能保存群队中的优秀品种。这告诉我们，所有的物种都是自然选择的结果，哪个物种适应环境的能力强，哪个物种才有资格享用更多的生存资源，获得更大的发展空间，才可以延续后代。

第二，“争”是一种民族气节。“争骨气者，志存高远。”君子不争私欲争国运，不争财气争气节。历来仁人志士“学成文武艺，货与帝王家”，正是科举的“争”，让精英的儒生进入统治阶层，施仁礼治天下。“为天地立心，为生民立命，为往圣继绝学，为万世开太平”，北宋大家张载的“横渠四句”言简意宏，一直被人们传颂。近代以来，中华民族一直在与捆缚于身上的锁链抗争，林则徐、康有为、梁启超、孙中山为了寻找救国出路而不懈抗争。新中国成立后，我们白手起家，在帝国主义四面包围之中自力更生，艰苦奋斗，经过几十年的努力，我们现在已成为全球第二大经济体，中国人终于迎来了挺直脊梁做人的日子。

第三，“争”是一种生活态度。环境不能迁就我们，那我们就适应环境。所谓的成功者，只不过是适应能力更强的人。作为中学生，我们对学习生活有许多抱怨：作业太多，休息太少；书本太多，玩耍太少。面对这些困难，我们应该勇敢地适应它，最终超越它，不能挺过风雨的考验，只能被淘汰。有多少同龄人在考上一个自认为不错的学校后，开始失去了竞争的意识，不思进取；面对困难重重的陌生环境，有的人怨天尤人，整日和愁苦作伴；有的人则努力适应，竭尽全力战胜困难。后者在日复一日的努力中，挑战的困难不计其数，就很自然地到达了人生的顶峰。

第四，“争”是一种处事方法。首先，用才智和魄力争取赏识与重用。积极面对生活的人从不会消极地等待伯乐，只有敢争、会争，才能走得稳。美国的沃尔玛，与众多小商店竞争时第一个百分百地使用金属货架，第一个开设自助售货店，最终出类拔萃。其次，用有分寸的“争”营造和谐的环境。竞争应建立在不损害他人正当利益的基础上，恶性竞争只会害人害己。古代的射箭之争“揖让而升，下而引，其争也君子”，表明了尊敬对手的重要性。再次，名利钱物之争不可取。《道德经》中说：“名与身孰亲？身与货孰多？得与亡孰病？甚爱必大费，多藏必厚亡。故知足不辱，知止不殆，可以长久。”“争温饱者，胸无大志”抛弃名利观，就不会受到屈辱、遇见危险。最后，要以平和的心态看待结果。但凡有竞争，必然要分割高低，而我们要做的是不执拗于结果，而是善于总结经验教训。用平和地看待结果更能赢得别人的敬意。

第五，“争”是社会进步的动力。达尔文的进化论认为，竞争最激烈的地方也是进化最快的地方。在文化上，凡是文化艺术繁荣的时代，无不是门派林立。比如“百家争鸣”使中国的思想文化在政治、法制和社会生活方面都得到了极大的丰富和发展；近代的新文化运动再次通过改革派、改良派和复古派的争论，把文化推向了高潮。在政治上，凡是人才辈出的时代，无不是竞争激烈、非胜即亡的时代。春秋战国时期，勾践卧薪尝胆，最终灭夫差称霸；秦国用五羊皮换百里奚，商鞅变法，最终一统天下。在今天的市场经济条件下，各行各业无不存在着激烈竞争，产品质量越来越好，价格却越来越便宜，就像联想在竞争中推出了最廉价的家用PC，百姓的生活由此得到提高。

“争”是通往成功的必经之路。社会不是摇篮，更不是慈善机构，只有适者才能弹奏出最强音。只有努力度过黑夜的环境，才能最终看到曙光，并在此过程中让人格和灵魂得到升华。趁着现在还年轻，好好努力奋斗吧！有理、有利、有节的竞争，才能让我们在人生的航海过程中奋勇前进！

量力而行与尽力而为

2017—2018 学年

量力而行与尽力而为是做事的基本原则，二者相辅相成，如车之双轮，鸟之两翼。就像我们既要仰望星空，又需脚踏实地一样，先量力而行，后尽力而为，便可做到兼顾。

要有量力而行的科学方法。“量力而行”是指凡事都从自身情况出发，不能超过自己的能力。《伊索寓言》中就提到，穴鸟看到老鹰从很高的地方向下俯冲，去抓小绵羊，就模仿老鹰的动作，飞到绵羊身上，没想到脚爪被弯曲的羊毛缠住，随后它被剪掉脚爪尖，供孩子们玩。这说明量力而行是对自己长处与短处的完整、准确的定位，能避免无谓的挫折。另一方面，成功也绝非是一蹴而就的，为自己制定一个稍有难度的目标并不断努力，才是明智的方式。陶潜目睹官场黑暗却无力扭转乾坤，便寄情于山水，通过多年潜心研究，使田园派登峰造极。这说明，有量力而行的态度，正确评估能力，每日三省自身，有多大能力就办多大事情，才会有科学的结果和踏实安心的幸福。

要有尽力而为的奋斗气魄。“尽力而为”是指付出全部努力做好一件事，倾尽全力。凡事都需要有尽力而为的心态，才能取得成功。对于一件有意义的事，我们应该不怕困难，而是要放手拼搏，全力以赴地做好它；对于一件不可能完成的事，我们也应保持“知其不可而为之”的魄力，在自己能力范围内，定一个略高的目标，放手去追求梦想，让青春无悔。随着日复一日的努力，就会发现自己就算没有达到预期的目标，也强壮了不少。钱学森先生曾在归国前说："我打算竭尽努力，去帮助中国人民建设自己的国家，使我的同胞过上有尊严和幸福的生活。"有这种尽力而为的气魄，迎难而上，积极面对，才会有自主、自强的底气，才会有创造奇迹的信心和力量。

在现实社会中，量力而行与尽力而为是一种互补关系，它可以让人在做事的过程中既充满激情又保持理智。微软创始人比尔·盖茨在哈佛大学读了一年以后，觉得学校的学习与他的所思所想不同，于是毅然退学。比尔·盖茨是清醒的，他能准确判断社会的发展方向，专注于自己的兴趣和专长，醉心于研究软件开发，终于开创了微软帝国。清朝末年的戊戌变法失败后，戊戌君子的选择不同：康有为和梁启超保持理智，逃亡到海外，为将来继续奋斗留下火种，这是一种量力而行的付出精神；而谭嗣同不惧死亡，毅然选择为变法流血牺牲，这是一种尽力而为的大无畏魄力。"去留肝胆两昆仑"，他们都是流传千古的伟人，他们的选择正是尽力而为和量力而行的最完好结合。

先量力而行，后尽力而为，二者兼顾，让各自发挥独有的价值。我们脚踏实地，以制定适宜的计划与道路，而后在实践过程中选用适合自己的方法，迎难而上，不遗余力地实现目标。在人的成长过程中，从尽力而为到量力而行是一个逐渐成熟的过程。青少年时期应全力以赴学习，去做一切想做的事，不用太多考虑成败，等到中老年时就应量力而行，需要对事情的结果进行全面考虑。

没有量力而行的尽力而为是一种徒劳，没有尽力而为的量力而行是一种浪费。新时代是属于创业者的时代，奋力拼搏是青年活力的写照。十九大报告中提出，中国特色社会主义进入了新时代，前进的号角已经吹响，我们需要联系客观实际，主动进取，全力以赴地前进，也要量力而行，不盲目蛮干。我们不害怕面对失败，要用激情去创造，在“啃硬骨头”和“涉险滩”中全力以赴，实现人生梦想！

没有拒绝，就没有成长

2017—2018 学年第二学期，期中考试

中国人历来爱面子，拒绝别人要求的话总是难以启齿。但该面对的事情总要面对，如果拒绝别人是一种解决问题的方式，那么我们要学会说“不”。拒绝和被拒绝的过程也是锻炼心智的过程，这是成长的一部分，尽管会付出一定的代价，但是我们必须面对。

首先，我们要善于拒绝别人。睿智的人总是善于说“不”。如果他人的好意会造成你的懒散懈怠，那么对于别人的过分帮助，我们要有拒绝的勇气和决心，学会说“不”。曾有报道说，某人成年后，不愿外出工作，仍然衣来伸手、饭来张口，不断“啃老”，向父母要钱，几乎失去了生活能力。那位长不大的孩子在接受采访时提到，自己从来不用做家务，遇到困难也是父母代替他解决。到了工作岗位后，因为几乎无法胜任稍有难度的工作而在试用期就被解雇。这种现象在现实生活中大量存在。

在自然界中，幼兽成年后就会被父母抛弃。小狐狸成年后，就会被老狐狸赶出家门，即使小狐狸再哀求也无济于事。幼鹰长出了翅膀，就会被母鹰推出巢穴，母鹰不会顾及幼鹰会被摔死，不会有一丝怜悯之意。幼兽要想活命，必须学会生存，学会自己撕咬猎物，用自己并不锋利的爪捕食，用尚不丰满的双翼努力飞翔，否则就会面临死亡。这种现象比比皆是，也是优胜劣汰的自然法则作用下不得已的选择，而正是这种残酷的淘汰机制让一代代优质的基因遗传至今。我们人类更要懂得这一点。人的本

性是好逸恶劳的，在向他人无尽索取的同时，会失去做人的尊严和独立自主的能力。

我们这一代人成长于长辈的呵护之下，很容易忘掉自立、自尊、自强的重要性。如果你的父母要包办照料你的日常生活，替你收拾房间、衣物，安排你的出行，你该怎么办？当然要学会说“不”。其实我们都知道，自力是一个人生活的基础条件。学会做一些力所能及的小事，这是成长的第一步。没有谁的能力是与生俱来的，通过后天的努力，自主处理事情，才不会原地踏步，更不会被社会淘汰。试想一下，倘若当时面对伸手要钱的孩子，父母勇敢地说出“不”字，结果可能会好很多。所以，当你想安于现状、逃避现实时，要记得对自己的懒惰和懈怠说“不”。我们要始终记得，没有拒绝，没有磨砺，就没有成长。

其次，我们要善于接受别人的拒绝。别人对你说“不”，源于你的要求超过了对方的承受力。人生在世不如意事常八九，在逆境中前行几乎是人生的常态。孔子说：“随心所欲不逾矩。”每个人都喜欢随心所欲的境界，但还要记得“不逾矩”。我们为人处事要遵守社会规范，不向别人提过分的要求，不指望别人都顺着我们的心意行事，也就不会因所欲难以实现而失落。我很欣赏陈继儒的《小窗幽记》，其中有一句话非常精辟：“宠辱不惊，闲看庭前花开花落；去留无意，漫随天外云卷云舒。”接受我们努力后应得的，放弃我们无权得到或不应得到的，坦然面对生活中的艰苦挫折、金钱诱惑、荣辱纷争，给予他人力所能及的帮助，拒绝他人过分的要求，才不会精神空虚、思想浮躁，也才能塑造风清气正的社会秩序。

我们不善于拒绝他人，他人不善于拒绝我们，都不利于我们的成长。我们要学会在拒绝中处理人际关系，不能无条件地接受别人的要求，也不能无限制地请别人满足自己的需要。学会自己成长吧，不要沮丧失落，因为有了拒绝，就有了前进的动力。

学会倾听

高二第二学期期末

倾听是了解别人的方式，更是与人交往的智慧。倾听，是对别人的尊重和赞美。老天给我们两只耳朵、一个嘴巴，本来就是让我们多听少说的，善于倾听才是成熟的人最基本的素质。生活中，最善于与人沟通的高手，一定是一个倾听者，而不是喋喋不休的人，而人们也总是喜欢与尊重别人、平易近人的人交往。

只要热爱生活，就一定要学会倾听。大自然弹奏的美妙音韵会让人变得积极、活跃。高山的深邃，大河的喧嚣，小草的摇曳，檐角的雨滴……久而久之，我们就会发现，会发现自己正在与一个博大的世界对话，所有的风霜雪雨都值得倾听，他们会告诉你很多书本上学不到的东西，倾听大自然的天籁之音，这是最具价值的。

倾听让我们走进沸腾的生活。在倾听中，我们会懂得理解的宝贵，所有的世事沧桑，都游走在墙上嘀嗒的钟摆声中。在人流中，小巷里，列车上，饭桌旁，只要愿意，随时随地都可以倾听，许多声音值得我们一生回味：倾听一个重病患者对生命的告白，倾听那些用汗水和智慧浸泡出的辉煌往事，这些鲜活的故事和真实的足音会让我们明白：这日子真的很精彩。

倾听是生命中不可或缺的部分。是倾听，让我们明白了什么才是真、善、美，让我们的心贴得更近，让我们积累经验，少走不必要的弯路。一位天天在大学门口拉二胡的老大爷，被邀请到了大学的元旦晚会上，他高超的技术获得了阵阵欢呼。但听众后来才知道，老人去大学门口拉二胡的原因：在家里拉二胡没有人倾听。假若没有师生在校门口听老人拉二胡，老人就不会被请上台表演，就可能没人发现老人的才能。所以，倾听，能够发掘出不为人知的力量。

倾听是对别人最好的尊敬。倾听是给别人以充分的空间来诉说自己。不要打断对方的讲话，让别人认为你缺乏耐心，也不要让自己的思绪游离。如果别人说话时心不在焉，抢先发表见解，肯定会导致谈话中断。即使是以前听过的信息，仍然要认真地听下去。倾听能够缓和人的情绪，甚至成为人生的转折点。几天前曾发生过这么一件事：一名年轻人不堪长年累月的工作压力，家里人不愿听他诉说心事，于是他产生了轻生的想法。消防员设法营救他时，劝他说："你有什么委屈就告诉我吧。"这句话一下子突破了年轻人的心理防线，他滔滔不绝地把多年的委屈讲了出来。经过消防员的劝导，他终于放弃了轻生的念头，回归正常的生活状态。

善于倾听的人会虚心采纳他人的建议。善于倾听的人往往谦虚好学、专心可靠，他们能够利用一切机会减少不成熟的言论，发现并改正缺点，避免不必要的误解。齐威王听从邹忌的劝谏让齐国得到大治，汉武帝听从劝谏而改正挥霍陋习，唐太宗因为兼听而成明主，蒲松龄因为虚心听取路人的述说才记下了许多聊斋故事。苹果公司的创始人乔布斯曾受到好友巴菲德的建议，将多屏操控技术与知名数码公司共享，这一举措使他少走弯路，在数码市场夺得自己的一席之地。只要保持沉默就能学会很多事，靠听的能够比靠说的学到更多东西。我们作为普通人，更应学会采纳他人的建议，发现自身的缺点并加以改正。

我很喜欢那些所有人各抒己见后再一起讨论的会议。在发言的过程中，所有人都能接触到别人的观点，即可取其精华，去其糟粕，为自己所用。这个过程不也是一种进步吗？反之，如果所有人都不听取别人的观点，固守于自己的小圈子里，只能做井底之蛙，又何谈进步？当年宋昭公出逃，到了边境，幡然醒悟：他终于知道自己流亡的原因了：他在朝廷内外听到的都是赞扬、奉承的话，从没有听到有人谈论他的过失，因此才到了这一步。他从此洗心革面，改变行为方式，穿粗布衣服，吃粗糙的饭菜，白天学习正道，晚上讲给他人听，最终受到百姓的爱戴，重新担任国君。因此，学会倾听，会引领你走向成功，使你受益终身。

倾听不仅是一种能力，更是一种态度。善于倾听的人，都有耐心、虚心和爱心，能缓和人际关系，让一句简单的话语拥有神奇的力量，让那些琐屑的小事一下子变得亲切起来，让平凡的日子陡然增彩。让我们学会倾听吧，取彼之长，补己之短，让倾听为我们打开沟通的大门！

朴实成就人生

高三第一学期

朴实是一个人必备的品质。或许，每个人的心里都有一道难以跨越的鸿沟，或一片荒芜的原野，但只要我们坚持生活的准则，脚踏实地，就能爬坡过坎，让鲜花盛开。你一定会惊叹——生活处处皆风景！

朴实的东西最能久远流传。在日常生活中，阳春白雪的高雅作品适合出现在神圣的殿堂，而下里巴人的通俗文字更便于在民间流传。相较于深奥难懂的表达方式，朴实的文字更有沟通的效率和普及的广度。最近热播的《中国诗词大会》使诗词热达到了一个新的高度。大家口熟能详的，有“床前明月光，疑是地上霜”的思念，有“春色满园关不住，一枝红杏出墙来”的怅惘，有“不识庐山真面目，只缘身在此山中”的哲理……这些广为流传的诗句大多有一个共同的特点——朴实，它们来自劳动人民最普遍、最深层的生活智慧，能经久不衰。因此，不如将话说得朴实一些，不要为了展示学识，使自己陷于一种晦涩难懂的境地。

朴实的表达并非追求低俗。我们求学，不是为了卖弄学识，堆砌华丽的辞藻，让人高看一等，而是为了学得在社会上立足的本领，同时提高语言水平，能够准确、流畅地与人交流。在确保质量的前提下，行文高雅，有助于塑造良好的文风和学风，也更能体现一个人的素质。反面例子俯拾皆是。民国年间，不学无术的军阀韩复渠就曾这样描述泰山：“远看泰山黑乎乎，顶上细来底下粗。有朝一日翻过来，底下细来顶上粗。”军阀张宗昌的“杰作”这样描述大明湖：“大明湖，明湖大。大明湖里有荷花。荷花上面有蛤蟆。一戳一蹦达。”这种令人啼笑皆非的句子毫无文采可言，是自我陶醉，而不是朴实的“诗”了，所以只能沦为茶余饭后的谈资。因此，还是让言辞真正朴实一些吧，做一个真实的自己！

穷人的朴实是快乐的源泉。有钱人可以住着富丽堂皇的屋宇，享受奢饰品，却不一定幸福；穷人经常为了生计而奔波，却可以因更加朴实而充满接地气的快乐！在电影《长江七号》中，周小狄和爷爷一起生活，爸爸靠做散工和捡垃圾生活，但一家人其乐融融，小狄和爸爸在家中以拍蟑螂为戏。有一天，爸爸捡到一个球，这个球变成了“长江七号”外星宠物。但不幸的是，爸爸在一次意外中去世了，看到小狄伤心的样子，七仔用尽全部能量救活了父亲，却牺牲了自己。这部影片让我看到了穷人乐观自信、自我牺牲的一面，看到了富人所不能企及之处。富家子可能衣食无忧，但他们有几个知道父母创业的艰辛？一旦没有了依靠，他们便只会伤心绝望。穷人的生活虽困难重重，但他们吃苦耐劳，对生活充满热情，知道如何面对困难，寻找生路，因此更快乐。

奋进中的朴实成就人生。穷人生活朴实，却心智健康，他们能够利用大自然的馈赠创造快乐，充实自己。当你付出辛劳、努力奔向目标时，它会用丰硕的果实回应你。曾听老人讲过一个故事：从前有兄弟俩，大哥是个无能之辈，整天好吃懒做，小弟却吃苦耐劳。父亲把财产平分给了兄弟俩，大哥只会花钱不会赚钱，不久便破产了。大哥向小弟要钱，小弟仅留了一把斧头，将其余的财产全给了哥哥。他虽然穷苦，但很快乐，他以树木为伴，和小鸟聊天，靠双手自立门户，过上了快乐的生活。老大却又花光了钱，成了乞丐。与其在富贵中挥霍，不如在贫穷中上进，这是一条放之四海而皆准的真理。

朴实的人是伟大的人。教师的朴实体现在用爱铸师魂。教师就是旗帜，他们时刻不忘己任，以真诚的爱去尊重、保护每一学生。那些在危难时刻挺身而出，甚至用生命诠释爱与责任的人，是新时代最伟大、最崇高的师魂。当汶川地震发生的时候，谭千秋老师弓着身子，张开双臂，拼命地撑住课桌，用自己的生命保护了四名学生。正是有无数朴实的教师鞠躬尽瘁，无私奉献，才有莘莘学子和祖国的光辉未来。

小店老板的朴实是一道靓丽的风景。这道风景曾经在熟悉的早餐店里出现过。有一天在上学路上，我刚买了早餐，美美享受了一顿，可吃完后一摸口袋，空空如也，原来早上换衣服时忘带钱了。我的脸顿时烫了起来，脑袋里像是有百千只蜜蜂在嗡嗡作响。我在书包各层中不停翻找，却是徒劳。我的脸上一阵燥热。熟料，老板憨厚地一笑，拍拍我的肩膀，低语道："呵呵，小马虎，忘带钱了吧，明天带来就行了，快上学去吧！"那一刻，一阵莫名的感动涌上心头。这位叔叔真的很纯朴，他有一颗善良的心，没有因为在这城市中生活，而变得满肚子都是心机！我慌乱地点了点头，拽起书包跑了出去。一路上，满脑子想的全是老板的笑脸，空气中都仿佛涌动着香甜的气息。

清洁工的朴实体现在平凡岗位上的默默付出。有一位热爱生活的大妈，在风雨里仍不忘路人的便利。当时正下着倾盘大雨，大家都在匆匆忙忙地往家里赶，我忽然看见垃圾堆旁有一位满脸是泥水的阿姨。她穿着破烂的雨衣，不顾水从雨衣的破洞里流了进去，只管十分认真地清理着淤积物。她用笤帚把垃圾扫到铲子上，送进垃圾车。在这个雨天，在这个不显眼的角落里，几乎没人会发现这位"城市美容师"，更没什么人表扬她，她也正在患感冒，但她想的还是大家的健康，想的是不让垃圾滋生细菌，影响市容。有人因为清洁工地位卑微而小看他们，回避他们，但是清洁工人让大街小巷干干净净。相比之下，他们又是多么伟大。

人性的朴实让整个世界充满阳光。世界上总会有人哗众取宠，但会有更多的人朴实无华；总会有人耽于声色犬马，但会有更多的人默默付出。很多人在平凡的岗位上无私奉献，用最接近自然的朴实去创造生活的美。这种精神就像一棵参天大树，深深地扎进大地，给我们青年人输送养分。感谢奋进中的朴实成就人生，感谢朴实让快乐无处不在！

小人物的大成就
——从青苔说开去

高三第一学期高三，语文开学检测试题

【摘　要】本文歌颂了青苔卑微却奋发向上的精神。青苔有自己的生命本能和生活意向，不因环境恶劣而感到怯懦，也不会丧失生发的勇气。同理，小人物自尊自爱、自立自强，小事做好了，就能成就大业，再卑微的人也能成就美丽的人生。

【关键词】青苔　小人物　大成就　自尊自爱　自立自强

苔

清·袁枚

白日不到处，青春恰自来。

苔花如米小，也学牡丹开。

袁枚是清朝乾嘉时期的著名诗人、散文家和文学评论家。这首诗以独特视角，关注不为人瞩目的苔藓，歌颂了苔藓卑微却奋发向上的精神。第一次读到袁枚的这句诗，心中便涌出浓浓的感动。这首诗言简意赅，含意丰富，让我们从一朵苔花窥见了大千世界。

袁枚还另有一首咏苔五绝：“各有心情在，随渠爱暖凉。青苔问红叶，何物是斜阳？”从另一个侧面描写了苔藓生活环境的恶劣。苔藓是一种非常不起眼的低等植物，多寄生于山间岩石上或树上的阴暗潮湿之处，终日不能享受阳光，靠着石头上的一层浮土艰难度日，这种地方不适合生命成长。卑微的青苔从来没有欣赏过斜阳之美，可它也有自己的生命本能和生活意向，不因环境恶劣而感到怯懦，而丧失生发的勇气，不因自身卑微、少人知晓而丧失萌发的本能。它也像其他植物一样释放绿意。另外，苔藓也会开花的，它的花微小如米，其貌不扬，更无人喝彩，但难道卑微的花就不是花吗？虽没有牡丹的高贵，芬芳，浓艳，但苔花串联一片，也自成一番风景。只要能够突破环境的重重窒碍执着地开放，像牡丹那样骄傲地展示顽强的活力，把自己最美的青春，认真地、毫无保留地绽放给这个世界，便是生命的胜利。这青春是生命力旺盛的苔藓自己创造出来的！

所以，世界上没有最美的花，但有的是自尊自爱、自立自强、永不低头的花。牡丹有牡丹的热闹非凡，苔花有苔花的安然自在。牡丹是受人悉心栽培的，而苔花却是靠自己生命的力量争得了开花的权利！苔花不自卑，不沮丧，不怯懦，不怨恨，傲然盛开，静静地绽放着自己的美丽，敢与牡丹争艳，证明自己存在的价值！

花亦如此，何况人呢？再卑微的人也能成就美丽的人生。在这个世界上，能站在舞台中央、接受众人欢呼的焦点人物没有几个，大部分人站在台下、幕后，默默无闻。大多数人没有比尔·盖茨那样的财富，没有奥黛丽·赫本的美艳，没有科学家的成就，他们或出身卑微，或天生残疾，或生活困顿，就像微不足道的苔花，困难重重，前途茫茫，需要比常人付出更多的努力才能成功。就像我们熟悉的“旭日阳刚”组合，一曲《春天里》感动了无数中国人。他们是城市中最底层的农民工，他们住在简陋的工棚里，但他们从不自卑，从未放弃对音乐的追求。他们自己填词作曲，自己买乐器，自己是听众……这是一条太过崎岖的路，但他们的执着，让不可能成为可能。

历史上小人物成就大事业的例子很多。“蚍蜉撼大树，可笑不自量。”韩愈的这句诗常用来比喻自不量力，妄想撼动强大事物的人。但历史上，一些小人物身份低微，却承担起了改变历史命运的重任。据《明朝那些事儿》记载，太监张敏舍弃自己的生命，成就了明朝一代中兴之主明孝宗朱佑樘的未来。1470年，纪姑娘生下了一个男孩，宦官张敏被命令溺死那个孩子，但他没有听从万贵妃的命令，而是和后宫的宦官、宫女们一起秘密承担了抚养孩子的重任。张敏明白，自己身份卑微，如果说出真相，必死无疑，但一生低声下气的张敏选择了良知，做出了他人生最伟大的抉择——向皇上说出了皇子的下落。舍生取义，用自己的死亡去换取这个孩子的生存，是对张敏最好的概括和颂扬，这个普通得不能再普通的看大门的宦官，却做出了无数名相也未必能做到的事。

小事做好了，就能成就大业。黄宗洛是一位擅长演“小人物”的名人。他一生只演那些小人物，他总是反复推敲这些龙套角色，哪怕一点儿戏也要翻过来倒过去地琢磨，使这些角色异彩纷呈，成为不可磨灭的经典形象。《茶馆》里的松二爷、《智取威虎山》的小土匪、《三块钱国币》的伪警察，这些小人物，成就了黄宗洛的名声。

小人物也能实现自己的理想，就算不被人记住，也已留下痕迹。生命本没有高低贵贱之分，只因对待生活的态度不同，便有了平凡与伟大的区别。学会自立自强，懂得绽放自己，奉献他人，方能扫尽平凡的阴霾，绽放生命的光彩。白方礼是天津的一个小人物，退休后，他作出了一个伟大的决定——让贫困孩子都能上学。他把骑三轮车赚的钱捐给贫困孩子，寒暑不误。十八年间，共捐了几十万元。他90岁后骑不动三轮车，便替人看车，把一毛两毛放进饭盒，攒够500元就捐给学校。这种无私奉献的精神值得我们敬佩。

生活有苦有甜，成就有大有小，人生有完美也有残缺。追求，是为了实现梦想，为了不给人生留下遗憾。处于社会底层的人们对命运的挑战，就应得到赞许的掌声。如果不能成为牡丹，那就努力成为一棵茁壮的苔花吧。这世界并非仅为少数名人和名人而存在，即使微小如苔花，也要把自身微弱的能量，尽可能地全部释放出来。只要有信心，自尊自爱，不断奋斗，就能实现自身的价值，这是小人物的自信和骄傲！

参考文献

［1］许丹尔，王健，许晶晶，杨鲁宁. 从古诗“苔”谈对苔藓植物的正确认识［J］. 生物学教学，2018，43（5）：60-61.

［2］苔花如米小，美好亦芬芳［EB/OL］.（2018-02-28）［2018-11-22］.http：//www. sohu. com/a/224487859_99905204.

［3］帝豪. 苔花如米小，也学牡丹开［EB/OL］.（2018-04-19）［2018-11-22］.https：//baijiahao. baidu. com/s? id=1598171798495014987&wfr=spider&for=pc.

［4］苔花如米小，却惊艳了这个春天［EB/OL］.（2018-03-06）［2018-11-22］.https：//baijiahao. baidu. com/s? id=1594194948306652000&wfr=spider&for=pc.

春天里的花开花谢

——纪念亲爱的姨奶奶

2017年7月3日

江城子·乙卯正月二十日夜记梦

十年生死两茫茫，不思量，自难忘。
千里孤坟，无处话凄凉。
纵使相逢应不识，尘满面，鬓如霜。

夜来幽梦忽还乡，小轩窗，正梳妆。
相顾无言，惟有泪千行。
料得年年肠断处，明月夜，短松冈。

——［北宋］苏轼

春天是草长莺飞的季节，也是怀念亲人的季节。清明前夕，奶奶永远地离开了我们，让勃勃生机增添了浓浓哀愁。苏轼用这首词来悼念妻子王弗，写得真挚朴素，沉痛感人，极尽伤离的痛苦和不尽的哀思，我们也因为奶奶的离去而多了一份思念，事由不同，情感无异。我的眼前总是浮现出奶奶的音容笑貌，胸中翻涌着对奶奶的无尽回忆。

1 花儿盛开在春天

有奶奶的地方就是家。她用自己单薄瘦小之躯撑起了整个家庭，用日夜操劳养大了两儿一女及三个有出息的孙子孙女，换来了家人的祥和、快乐，让整个家庭充满浓浓爱意，功不可没。姨出生在解放前，一路走来，受的苦自不必说，但她很少抱怨，而是把自己的苦作为教育后辈前进的动力。奶奶一生节俭，即使到儿女长大了，日子逐渐好起来，依然勤俭度日，经常因为二叔东西买贵了而心疼，二叔经常在报价格的时候少说一个零，她还是觉得贵，在我们中间引为笑谈。

奶奶对我关爱备至。我们在清河粉丝厂宿舍住了很多年，直到我上小学才离开。我的童年是在清河度过的。现在对清河有很深的感情，这多半是因为奶奶的缘故。我们家到底吃了姨家多少新鲜蔬菜，用了多少姨家的东西，数也数不清。至于我，姨从来没有把我当作外甥，而是作为亲孙子对待，有好东西总是想着留给我。每次出门，都嘱咐我注意安全。春花烂漫时，我经常在永泰西里小区撒着欢跑，或者转到花树下看新发的嫩芽，或者看园丁修剪万年青，奶奶就在远处抽着烟，慢慢地走过来，不时地咳嗽几声，和邻居打着招呼，目光却紧紧锁着我，不时嘱咐我要小心。有一年春天，外面沙尘飞扬，奶奶就拿了姐姐的纱巾给我包在头上。夏天，窗前的无花果逐渐长大，只要我过去，奶奶不舍得让我们去挨蚊子叮咬，自己却到树底下转转，即使没有熟透，也要摘下来给我尝尝。这种润物无声的关怀让我学会了照顾他人，让我的性格中增添了不少温柔细腻的成分。

奶奶的疼爱给我的童年增添了很多温馨的回忆。听说是个大胖小子，奶奶真是满心欢喜，一脸的幸福和满足，每过几天就来探望。我小时候，妈妈经常带着我到旷野中玩耍，去东边的公园里撒欢、荡秋千，到清河边的草窠里捉蚂蚱、蛐蛐，之后理所当然地拐到奶奶家坐一坐。奶奶对我尽心尽力地照顾，她那干净利落、言谈爽利的形象给我留下了深刻印象。她经常嘴里骂着“小兔崽子”，眼睛里却满是笑意。二叔结婚前，奶奶在清河粉丝厂做新被子，任凭我在被子上蹦跳，还说，给我尿上一回，二叔也会很快有活泼健康的孩子，言语中满是对孙子的憧憬。这些情景似一幅幅画，永远凝固在我的脑海中。现在想来，这种“舐犊之爱”真是令人难忘，有长辈的关爱真是一种幸福、一种温暖。我们家已搬离清河好几年了，并不常回去，但我们始终不忘清河的家，这种想念中有很大一部分是对于奶奶的记忆。正是因为亲情的厚重，才感觉清河的天常蓝、水长清，才让清河成为心底的长清之河。

奶奶与邻里和睦相处。《菜根谭》说：“处世让一步为高，退步即进步的张本；待人宽一分是福，利人实利己的根基。”奶奶做到了，她经常真诚地帮助他人、分享快乐。谁家添了个可爱的娃娃，谁家的孩子学习多好，谁家帮了自己，这些事情一聊起来就如数家珍，却很少听她议论别人的是非。看见别人的孩子长得又高又壮，高兴之余总不忘在人家屁股上拍一巴掌，爱怜之意尽显。奶奶喜欢做十字绣，二叔家里大团的牡丹、巍峨的长城、矫健的雄鹰、优雅的钢琴为背景的时钟，栩栩如生，都是奶奶的杰作。我们家也受了奶奶的恩惠，捎给姥姥一块“福”字绣。有一次，奶奶听说邻居家一个小男孩要过生日，就问他的属相，然后不声不响地做了一幅十字绣作为礼物。这种事情不胜枚举。

奶奶的善行福蔽子孙。《易经》中说：“积善之家，必有余庆。”付出与回报之间存在着神奇的能量转换，一个人在付出的同时，回报的能量正通过各种潜移默化的方式返还回来。奶奶一日行三善——眼善、语善、行善，多年积累下来，天已降福于整个家庭。奶奶不管到哪里，都和邻居相处融洽，邻居与奶奶见面后总有说不完的话，那种亲热劲让我妒忌。奶奶火化那天，好几个听说消息的邻居都念着奶奶的好处，主动来送最后一程。有的还担心二叔情绪不好影响开车，特意让儿子开车。这都是善的力量啊。奶奶的善行也影响了全家人，上行下效，一家人生活蒸蒸日上。孙子孙女也很争气，他们在家里孝敬长辈，在学校里、工作中与人为善、努力进取。如今姐姐和哥哥都已经研究生毕业，找到了满意的工作，妹妹也就读于重点初中，前途光明，这与奶奶的辛勤付出有很大关系。

2 花儿凋谢在春天

姨的肺病在很大程度上起源于她多年的烟瘾。她从小学会了抽烟，家人多方劝解也不能让她戒烟。听着奶奶不停地咳，咳完还抽，真是既恨又爱又怜。姨这几年连着住了几次院，2015年的春节是在医院度过的，2016年的春天，在玉兰花和迎春花盛开的日子，也在住院。我们去过医院几次。在此之前和之后，我们多次请奶奶来我家住上一段时间，她都不同意，担心自己身子弱，万一有意外，会连累我们家。奶奶总是这样为别人着想。2016年年底出院，到了春天，奶奶的身体已经很弱了，走路需要搀扶，我们暗暗企盼她能坚强地渡过难关。

时光匆匆流逝，亲人的细心照料没能延长奶奶的生命。2017年3月，姨的身体每况愈下，有一次吃饭多了，造成胃出血，幸亏抢救及时，命保住了，但多个脏器功能衰竭，没能再出院。奶奶一直对我呵护有加，应该去送她最后一程。到医院后，发行奶奶身体的各项指标已经很低，我们到后没有几分钟，姨的身体指标渐渐转为零。大夫前来查看，一脸平静。医院里的生生死死每天都上演多次，对于见惯了死亡的人来说，这种场景再正常不过了。原来是默然还是关心，全在一个“情”字。

这又是一个细雨连绵的天气。细密的雨丝像思念和眼泪，持续了两天。那天是周五，湿漉漉的路上照例很堵，气温很低，我们跟着灵车走入缓慢的车流中，到昌平的火化场、办完手续后已经是晚上十点多了。周日我们一起参加姨的追悼会和火化仪式。这场经历给我留下了很深的印象。真心感谢各位亲朋来送奶奶最后一程，大家谈起奶奶的离去，一片惋惜声。当姨被缓缓推进火化炉时，那种亲人无法再见面的震撼实在太强烈，内心跟着一阵抽痛、一阵绞痛，大家哭成一片。我们中午吃饭的时候，一楼大堂里在举办婚宴，一片觥筹交错之声，和我们这些人形成极大的情绪反差。“亲戚或余悲，他人亦已歌。”陶渊明的话说得很形象，真是几家欢乐几家愁啊！这就是真实的人生，除了至亲好友，有多少人在乎别人的悲欢离合？

岁月漫漫，冰冷无情。一晃奶奶已离开我们一段日子了，花儿次第盛开又凋零，爱花的奶奶也随春而去。曾经我们在春天一起去挖野菜、看春花，可在奶奶离去之后我才深刻体会到，最美的味道就是和亲人一起品尝的劳动果实，最艳的春色就是和家人一起观赏的风景，世间最美的景色，莫过于长辈慈爱的笑颜。而当这笑颜远隔生死的距离无可寻觅时，留给亲朋的是无尽的悲痛，日日啃噬着生者的心，绵绵无期。

斯人已去，想念依旧。活着的人要背负往日的记忆继续前行。恍惚中觉得，奶奶从来没有离开，只要我一推门，就会看到她瘦小忙碌的身影，就会看到她含着笑抬头，叫我“大琨”，感受到她落在我身上的慈爱的目光。在今后无数个花开花落的春日，我都会想起奶奶。在她怜爱的花花草草中，在她痴迷的野菜中，在她留下的十字绣中，在亲友对她满满的温情回忆中，她一直都在。

从古至今，中国文化中没有关于彼岸的信仰，但死亡何尝不是一种解脱？庄子认为，生生死死，如同秋去冬尽，等候春天重新来临。陶渊明也说：“死生何所惧，托体同山阿。”与其日日受病痛的折磨，倒不如像现在这样回归自然，“天地与我共生，万物与我为一”。

由此我想到永生的话题。“计利应计天下利，求名应求万世名。”人的生命是有限的，而“立德”“立功”“立言”能让人的价值永恒。奶奶没有留下闪光的言论，没有丰伟的功业，甚至不怎么识字，一直围着子孙转，但她用朴素的处世之道、无处不在的爱庇佑子孙，树立了道德典范，大家对她的赞美就是最好的纪念方式。她的血脉会在子孙的基因中绵延不绝、继续造福社会。

“天涯地角有穷时，只有相思无尽处。”愿爱在春天永存！愿奶奶安息！

走出迷茫
——读《呐喊》有感

高二第一学期

“我在青年时候也曾经做过许多梦，后来大半忘却了，但自己也并不以为可惜。所谓回忆者，虽说可以使人欢忻，有时也不免使人寂寞，使精神的丝缕还牵着已逝的寂寞的时光，又有什么意味呢，而我偏苦于不能完全忘却，这不能完全忘的一部分，到现在便成了《呐喊》的来由。”

——《呐喊》序

在《孔乙己》中，我看到了受黑暗社会所压迫的人的悲惨人生，同时也看到了造成这悲惨人生背后那黑暗的社会。我明白了，鲁迅先生之所以要弃医从文，治好国民的皮肉之伤是不够的，唯有填满了内心的空白，人们才会觉醒，才会懂得拿起武器反抗扭曲的黑暗。

在《药》里，华老栓愚蠢地相信人血馒头能治痨病，居然让孩子把革命者的鲜血当“药”吃，而且对革命者这样冷漠无情，对刽子手康大叔反倒毕恭毕敬。茶馆里的一伙人对革命者宣传革命，“感到气愤”；对革命者挨牢头的打，幸灾乐祸；对革命者叹息牢头不觉悟，纷纷胡说“疯了”。革命者被杀害，人们“潮水一般”地去看热闹。这些都充分说明群众毫无觉悟，麻木不仁。当时黑暗的社会背景下，群众麻木不仁，又何以拯救旧中国？

我想，鲁迅写下这部短篇小说集，目的就是唤醒当时愚昧无知的人们。“呐喊”一词，强烈的刺激人们的耳膜。当时的社会是黑暗的，造就了这样凄凉的文章理所当然，祥林嫂的惨死街头，孔乙己的悲惨，外加国民的愚昧无知，营造了这样凄凉的氛围，从而产生了《呐喊》。

迷茫，能够很好地形容当时的社会背景。大声的呐喊惊起被密闭在“铁屋子”里熟睡而不知死亡将至的民众，呼唤大家齐心合力毁坏这“铁屋子”，以争取新的生命。如《明天》，单四嫂子的求医问药实际上使自己必然地落入了一个陷阱，成为替有权势的人聚敛财富的工具，“自救”变成了“自残”。这正是作者鲁迅所说的“所谓中国的文明者，其实不过是安排给阔人享用的人肉的筵宴”的真实写照。那些被压迫者身处其中而不自知，在接连的悲惨命运面前只能感到茫然、无助而终于麻木。他们的人格在此过程中逐渐被奴化，习惯了压迫而毫无自觉反抗之心。

现如今，那个愚昧的时代已经离我们远去，但是，呐喊所表现出来的精神需要永远珍藏在我们心底。任何人都有无知的地方，这个时候，便需要他人的指点和帮助。这，不正如鲁迅在旧社会对愚昧无知人民的呐喊，一剂强心剂。

今日的呐喊与昨日的《呐喊》唯一的区别就是，面对的人，所处的社会，表露的情感的不同，而这些不同并不能阻隔两者的联系。生命中并没有如果，有的只有无尽的呐喊与彷徨。

爱心和信念挽救生命
——《最后一片落叶》读后感

高三第一学期

【摘　要】美国作家欧·亨利的小说《最后一片叶子》以“含泪的微笑”打动了世人的心。极富爱心的老画家贝尔曼先生抱病挽救了琼西年轻的生命，生动地体现了爱与奉献的力量，也让那片“永不凋落”的长春藤叶深入人心。这篇小说还告诉我们，坚定的信念是成功的必要条件，只要心怀期望，一切皆有可能。

【关键词】欧·亨利　《最后一片叶子》　含泪的微笑　爱心　信念

美国作家欧·亨利是世界文坛上杰出的短篇小说家，他的小说《最后一片叶子》以“含泪的微笑”打动着世人的心。

《最后一片树叶》讲述了这样一个故事：女孩琼西生命垂危，身体每况愈下，想在窗外最后一片树叶掉落之时撒手人间，但最后一片树叶却挺过了肆虐的狂风暴雨。只因生命中的这片绿，女孩相信自己的生命不该结束，这个信念让她奇迹般地活了下来。但她后来才知道，那片“永不凋落”的长春藤叶是住在楼下的老画家在暴雨之夜在玻璃上画出来的，而这位老画家却因此患病去世。这幅画的名字就叫“最后一片落叶”。

一片小小的藤叶，竟然挽救了一条年轻的生命。看来有些不可思议，但是也有道理。琼西之所以能够战胜病魔，顽强地活下去，正是因为她有了活下去的坚定信念，这种坚定的信念帮她战胜了病魔。这告诉我们，坚定的信念是成功的必要条件。只要心怀期望，一切皆有可能。一名资深野外求生专家在接受采访时说："每当我走投无路时，就会想起远方的家人、朋友，是他们给了我求生的希望。"期望是人生的一盏灯，有期望就有前进的动力。也许生活的荆棘会刺破你，割伤你，但只要心存期望，就能创造奇迹。

最令我感动的是极富爱心的老画家贝尔曼先生。他在大半生中穷困潦倒，更像一个失败的英雄，但从未放弃作画。他也明白女孩琼西已经丧失与病魔斗争的勇气，为了挽救这条年轻的生命，他在那个风雨交加的夜晚，在生命的最后时刻，抱病用整个灵魂成就了那幅不朽的杰作。老画家编造了一个善良且真实的谎言，给了琼西生活下去的勇气和期望。从他身上，我们体味到了爱与奉献的力量，更看到了期望的力量，他让那片"永不凋落"的长春藤叶深入人心——尽管叶子边缘已经枯黄，可茎部仍然是深绿色，那是有生命力的深绿，那是苍翠的常青藤。这幅画，是老画家一生最美的作品，是他用心灵的画笔画出的绝世佳作。它像一面镜子，映照出舍己为人的伟大精神光芒。

俗话说：赠人玫瑰，手有余香。相信最后那片叶子所蕴含的爱心和信念会永远激励我们坚强、快乐地活下去，对生命充满信心。像贝尔曼先生一样的人还有很多，是他们帮我们渡过一道道难关，让真爱无处不在。让我们一齐努力，为自己的生命、也为别人的生命画一片绿叶，让爱在人与人之间不断地传递吧，在有限的生命里活出生命的价值！

参考文献

［1］牛潇昆. 小人物的真善美——《最后一片叶子》艺术特征简析［J］. 青年文学家，2018，（5）.

［2］吴秋香. 叙事学视角下《最后一片叶子》的艺术魅力解析［J］. 北方文学（下旬刊），2016，（3）.

［3］李珊.《最后一片叶子》主题解析［J］. 文学教育（中），2017，（12）.

［4］谢胜瑜. 心怀希望［J］. 课堂内外·创新作文（高中版），2017，（8）.

永不言败，挑战逆境
——《老人与海》读后感

高三第一学期

【摘　要】本文分析了海明威的著名小说《老人与海》。老渔夫桑提亚哥被视为海明威笔下最完美的英雄人物，他性格刚毅，乐观坚强，矢志不渝地追求生活理想。他是一个悲剧英雄，明知不可为而为之，永不言败，这种精神的胜利是最令人动容的地方，至今仍对我们有积极的启示意义。

【关键词】海明威　《老人与海》　桑提亚哥　悲剧英雄　永不言败

随着暑假的来临，我重温了小说《老人与海》。老渔夫桑提亚哥已经不仅是条硬汉，他身上所体现的精神，使年轻人也自愧不如。在这本书中，海明威为他所钟爱的硬汉塑造了灵魂，体现了人类不变的价值。因此，在这本书中，我被桑提亚哥的刚毅性格所折服。其中，老人展现出来的面对困难的自信令我印象深刻。

海明威是20世纪最伟大的作家之一，是美国文学史上的一颗璀璨明珠。美国总统约翰肯尼迪曾这样评价海明威："几乎没有哪个美国人比欧内斯特海明威对美国人民的感情和态度产生过更大的影响。"作为海明威的代表作，《老人与海》是美国文学史上里程碑式的经典名著，为他赢得了普利策文学奖和诺贝尔文学奖。《老人与海》这部中篇小说塑造了古巴老渔民桑提亚哥这个硬汉形象，他被人们视为海明威笔下最完美的英雄人物，这种典型的“硬汉”形象为世界范围内的读者提供了精神指引。

桑提亚哥是一个乐观坚强的逆境英雄，也是一个悲剧英雄。老人是有智慧的，他能够根据水的流向判断鱼群位置，能够根据天空中的云彩判断天气风向。但他已经处于风烛残年，在生活中屡遭厄运，饱经风霜，常常食不果腹。他是体能上的弱者，外貌苍老且充满沧桑之感，肌肤不再健硕，“外形消瘦憔悴，颈脖皱纹很深”，脸腮上长满褐斑，手上长满老茧，皮肤被晒出斑点。那艘破烂的渔船不能抵御风暴，那间破旧的小屋不能遮风挡雨，而且这位老人一直走背运，连续出海八十四天，一条鱼也没捕到。渔船上的破帆像是一面失败的旗帜，仿佛在宣告老人永远都捕不到鱼。正是这种形象上的落差帮助塑造了一个硬汉形象，让他的性格、意志和行动超越了年龄限制，赢得了读者的同情和尊重。无论有没有收获，仍然天天早上迎着第一缕阳光出海捕鱼。在他看来，“每一天都是新的一天”。这是一个一无所有却自信勇敢的人。原文中有一段对话令我印象深刻——“那双眼睛啊，像海水一样蓝，是愉快的，毫不沮丧的。”桑提亚哥的自信，不随环境变化而变化，自信到不用与他人所对比。对于桑迪亚哥来说，即使遭遇到了极点的背运，自信也不会被抛弃。即使男孩被爸爸叫到别的船上去、不再跟他一起出海捕鱼，老人表示出完全的宽容和理解。原先跟随桑提亚哥出海捕鱼的小孩，谈到他爸爸把他叫到别的船上去，说道：“他没多大的自信。”“是的。”老头儿说，“可是我们有，你说是不是？”他的乐观不随环境变化而变化，始终保持着对生活的信心。

人的一生中，除了死亡，没有必然之事。支撑人生存勇气的，就是自信。如果没有自信，在那么多天的背运之后，桑提亚哥怎么还会有勇气和毅力去出海捕鱼吗？正因为桑提亚哥对自己的自信，他对小孩被叫走这件事，表示了完全的宽容和理解。通过描写老人在茫茫大海上和大马林鱼和各种鲨鱼纠缠、搏斗了三天三夜的经历，我们充分感受到了桑提亚哥与命运作殊死抗争的悲壮与崇高。老人最后拖回家的只是一副十八英尺长的鱼的骨架。从物质上来说，老人是失败了；但从人的自信、自尊，从人勇于和命运作竭尽全力的抗争来说，桑提亚哥取得了胜利。

有了自信，便有了生活下去的决心。他和小男孩聊棒球，去酒馆喝酒聊天，天天早上迎着第一缕阳光出海捕鱼。无论收获如何，他都会坚持出海捕鱼，因为捕鱼已经成为了他生活中不可或缺的的一部分。虽然大马林鱼被鲨鱼吃光了，但是，老渔夫那种不言败的精神，虽然最后失败了，但是他勇敢去付出的那种行为，却是我们应该学习的。

桑提亚哥是一个形象单纯但是内涵丰富的人物形象。他喜欢、同情并理解自己捕到的这条鱼，觉得他们之间有那么多的相像。他感慨道："它是靠吃活鱼维持生命。它不是食腐动物，也不像有些鲨鱼那样，只知道游来游去地满足食欲。它是美丽而崇高的，见什么都不怕。"老人对这条鱼的赞美，表明了他所欣赏的为人准则：追求生命的价值，保持英勇和高贵。同时，我们可以从中明白这样一个道理：作为食物链顶端的人类，我们在向困难、向大自然挑战的时候，要遵从自然规律，不能无止境地索求，只有适当开发，适可而止，才能既维系人类的生存和发展，也能与自然和谐共生。

桑提亚哥将逆境英雄的形象推上了顶峰。明知不可为而为之，努力抗争，却心有余而力不足，这是老人最令人动容的地方。桑提亚哥与大海搏斗、与艰难困苦搏斗、永不服输，始终保持着征服者的豪迈气概。"一个人可以被毁灭，但不能被打败。"桑提亚哥的话富含哲理。他是一条硬汉子，始终斗志昂扬，他面对困难所体现出来的勇敢、顽强精神，连年轻人也自愧不如。老人被别的渔夫看不起，但始终坚信自己可以捕到大鱼。桑提亚哥在近海无法实现这个愿望，就决定独自一人去更远的海域，不断地挑战自己的身心极限，最终历经千难万险，在第八十五天，桑提亚哥终于捕获了一条巨大无比的马林鱼。《老人与海》花大量笔墨来描写孤独的老渔夫在茫茫大海上与大马林鱼、各种鲨鱼纠缠、搏斗三天三夜的经历，最后老人带回岸边的只是一副十八英尺长的白色鱼骨架。回到家后，精疲力尽的老人躺在床上，只能在梦中重温曾经的美好岁月。

其实，人的真正胜利就是精神的胜利。人在物质上无论取得多大的成就，都无法得到我们的尊敬，而只有精神和气魄的胜利，才能使我们感动，使我们和追随老人的孩子一样，为他的悲壮落泪。《老人与海》让人了解什么才是真正的人生，什么才是真正的坚强。张爱玲评价道："老渔人……在他与海洋的搏斗中表现了可惊的毅力——不是超人的，而是一切人类应有的一种风度，一种气概。"从物质上来说，老人没有得到什么——没有食物没有水，而且左手抽筋，伤口流血；从故事结局来看，桑提亚哥不算是胜利者，他还要继续忍受孤独、饥饿和伤痛的折磨。但从人的自信自尊、勇于抗争的精神来说，桑提亚哥取得了胜利，成为一个英雄。老人自始至终都没有低头，没有失去一个人应有的尊严，面对困难不屈不挠地斗争，他杀死了大鱼，又以折断的舵柄为武器与鲨鱼进行了殊死搏斗，体现了一个强者应有的品质。我们仿佛身临其境，充分感受到桑提亚哥与命运作殊死抗争的悲壮与崇高。说到底，真正的胜利是精神的胜利，正是这种抗争、坚忍的精神赢得了我们的敬意，才使我们和追随老人的孩子一样，为他的悲壮落泪。

老人那种永不言败的奋斗精神，至今对我们仍有积极的启示意义。在工作、学习和生活中，我们会不断地遭受挫折、失败，可能会因为考试的失利、工作的不顺、别人的批评而选择放弃和逃避，丧失前进的动力。其实，这些挫折和那位生活窘迫、与自然界的强大力量对抗的老渔夫相比算不了什么，想想这位坚强面对生活的老渔夫，内心会释然许多。至少我们不必手上长满老茧，皮肤被晒出斑点，夏天可以在家里享受空调带来的清凉，家务可以由父母代劳，即使要为生活奔波，所谓的艰难困苦也只是小小的不顺心、不满意而已。其实我们周围有许多现实版的桑提亚哥，他们像那位老人一样，在艰苦的环境下坚强、乐观地活着，即使身体残疾、生命卑微，即使面对别人异样的目光也从来不放弃。他们也是祖国的建设者，依靠自己的臂膀挑起生活的重担。对热爱生活的人，我们要始终尊敬他们，从他们身上汲取前进的力量，奋勇拼搏，永不放弃，乐观地迎接挑战。这样的人生，才是积极的，有意义的。

《老人与海》堪称塑造当代美国人民感情和态度的精神源泉。桑提亚哥是拥有超凡毅力的硬汉，他勇于挑战，矢志不渝地追求生活理想，他的勇气和抗争精神感染了一代又一代读者。人的真正胜利是精神上的胜利，坚强地面对一切挫折，不在负面情绪中消沉，不失去对生活的希望，即使遭遇极端困难也充满奋斗的勇气和毅力，永不言败，才能获得人们心灵上的共鸣。这种宝贵的精神遗产将代代流传，向每一位读者诉说这个不朽的灵魂。

参考文献

［1］陈培霞.《老人与海》中的象征艺术及其现实意义［J］. 文学教育（上），2018，（10）.

［2］黄爽. 试论《老人与海》中桑提亚哥的硬汉形象［J］. 芒种，2017，（10）.

［3］李虹. 海明威《老人与海》中的人生哲学分析［J］. 山西青年，2018，（5）.

［4］唐王婕. 从《老人与海》中圣地亚哥的形象解读硬汉精神［J］. 文学教育（中），2018，（7）.

坚贞不屈，视死如归
——《红岩》读后感

高二第一学期

随着暑假的来临，我重温了小说《红岩》，这部令人热血沸腾的小说，在我脑海中留下了挥之不去的深刻印象。这篇小说描绘了众多革命英雄的高大形象：成岗临危不惧，在窗外挂起联络用的扫帚，使战友们逃离被捕的危险；许云峰英勇斗敌，舍己为人；江姐受尽酷刑，仍坚贞不屈；渣滓洞难友团结奋斗，绝食抗争，苦中作乐，令敌人无可奈何；白公馆志士奋勇突围，迎来黎明……书中的一幕幕情景，一幅幅画面，至今还在眼前浮现。

其中我最佩服的之一，是英雄们视死如归的情怀。例如革命女英雄江姐江姐，她虽然受尽了敌人的折磨，但是仍然闭口不说党的秘密。敌人将粗长竹签钉入江姐的指甲缝间，那刺股钻心的疼痛，相比一般人早已忍受不了了。然而英雄们却以难以想象的毅力顽强地与反动派抗争到底，才换来了如今我们的幸福生活。重庆的地下党只是万千英雄们的一个缩影，战场上，战场下，都有他们不懈奋斗的身影。他们的事迹永远记在我们心中，他们的精神万古长存。

对这些顽强的战士，反动派只能给他们以肉体上的折磨，丝毫摇不了他们精神上正义，反而更使他们的斗争精神更加坚定不折。通过他们的事迹，我最后明白：世上无难事，只怕有心人。在这多波折多磨难的人生道路上，我们更要学会坚强，学会用自己的双手，开辟成功之路。此刻，我也最后明白了这句话的深刻含义，是呀，人生不只是阳关大道，还有泥泞的小路等待我们去征服，越是困难，就越需要坚定不移的精神去克服。

再如许云峰，一名普通的共产党员。他经验丰富，胆识过人，常常为了他人而牺牲自己，当他察觉到沙坪书店暴露的时候，果断地决定进行转移。在敌人的审讯前，他毫不畏惧，利用智慧把敌人引入圈套，给自己的同志们赢得了足够的逃跑时间。在白公馆的地窖里，许云峰用自己的双手，艰难地挖出了一条逃跑的地道，他的双手血肉模糊，终年不见阳光。然而，在解放前夕，许云峰被秘密处决，为了不暴露秘密通道，他选择了英勇就义而不是逃生，把生还的希望留给了别人。就在最后关头也不失英雄本色，面对着特务，高声命令道："走，前面带路。"死亡，对于一个革命者，是多么绵软无力。

作为一个普通人，如果遇到了死亡的威胁，你会怎么做？是自己逃命，还是将生还的希望留给他人？《红岩》里的英雄们告诉我，集体的利益大于天，自己愿为集体付出一切。当丧钟敲响时，你是否也能有这样豪迈的意志？甫志高作为叛徒，之所以被所有人所痛恨，是因为他只顾小家，不顾大家。放在生活中，我们不会遇到死亡的威胁，但是在面临重大选择时，你是考虑他人，还是一心为己？这，就是我读完《红岩》后最深刻的感悟。

我最敬佩的人——诸葛亮

高一第二学期，期末

想必每个人的心中都有一个最敬佩的人吧，或折服于他的人品，或钦佩于他的能力，或迷恋于他的美貌。而我最敬佩的，也是最想见到的，是三国时期才华出众的一代名相——诸葛亮。

我佩服你的隐忍。你当年躬耕南阳，身居草庐，潜读经典，闭门十年不出，终于成为饱学之士。你早已看惯了人间百态，能自励自勉，波澜不惊。所谓不积跬步无以至千里，不积小流无以至江海，在你身上我懂得了努力奋斗的重要性，没有人是生下来就充满智慧的，渊博的学识需要后天的不断积累，要静下心来勤思苦练，熬过漫漫长冬才能终有所成。

我佩服你的智慧。你是三国时代顶尖的智者和战略家，最大特点是一个“谋”字。司马懿评价你“天下奇才也”。你高瞻远瞩，一篇《隆中对》透彻分析了天下大势，拟定了三足鼎立的天下规划；你智慧超群，上知天文下晓地理，精通阴阳之道，能呼风唤雨；你运筹帷幄，用兵如神，决胜于千里之外。你足智多谋，采用激将法，让老将黄忠斩杀夏侯渊；采用屯田制巩固边防，开荒就业，治疗战争创伤；你在实践中革新，改进武器，创造了木牛流马。火烧博望坡，七擒孟获，使用空城计，呈递《出师表》……常常被人们击节赞赏、津津乐道。你不以外貌取人，年轻潇洒的你，偏偏找了个博学多才却奇丑无比的黄阿丑为妻。你的智慧是后人取之不尽、用之不竭的源泉。

我佩服你的功业。你善治国，能尽时人之器用，为了刘氏父子的江山社稷，呕心沥血，创立了不朽的功业。《三国志》中评价你："为相国也，抚百姓，示仪轨，约官职，从权制，开诚心，布公道；尽忠益时者虽仇必赏，犯法怠慢者虽亲必罚……可谓识治之良才，管、萧之亚匹矣。"刘备评价你："孤之有孔明，犹鱼之有水也。"你令蜀国百姓和对手折服，平定了南方的大片土地。你几乎变成了民间百姓的神，成为公认的智慧神的杰出化身。

我佩服你的忠孝。忠、孝、义，在你身上体现得尤为明显。白帝城内，刘备托孤于你，你以相父身份毅然辅佐了扶不起的阿斗刘婵，忠贞不二，不懈奋斗，提高了蜀国的国力与军力，政绩卓然，终为当时国力最弱的蜀国打出了一片天地。你勇于承担责任，失街亭后，自贬三级。直到在五丈原孤魂归天时，还念念不忘刘家的江山社稷大业。你的决心，为天下人叹服。在你身上，我学到了做事要持之以恒，毕竟三心二意的懈怠行为终究无法促成好的结果。你的去世，让蜀国失去了一位智勇双全的谋士和充满爱国热忱的良相，我为你感到惋惜，更为蜀国感到惋惜。

你是模范军师、模范丞相、优秀师爷，直到现在魅力不减！唐代孙樵说："武侯死殆五百载，迄今梁汉之民，歌道遗烈，庙而祭者如在，其爱于民如此而久也。"李白、王安石、杨慎等文人雅士赞颂你的诗篇流传千古，"鞠躬尽瘁，死而后已"不知已成为多少仁人志士的座右铭！你不只是一个人，而是逐渐演变成了一种精神，一种根植于中华大地、永不服输的奋斗精神。你也将永远是我前进的动力！

一代枭雄——曹操

高三

曹操，字孟德，东汉末年著名的政治家、军事家、文学家和诗人，三国时代魏国的主要缔造者，后为魏王。曹丕称帝后，追尊他为魏武帝。

曹操是一个毁誉参半的历史名人。人们对他的了解基本上来自电视剧，而电视剧为了更好地突出个人形象，往往会将曹操丑化。世间对他的评价中，最著名的莫过于“治世之能臣，乱世之奸雄”，这种评价既肯定了曹操的能力又对其事业的非正义性作了论断。曹操虽为汉相，实为汉贼。当时的很多士大夫在潜意识里认为汉朝是正统。所以，曹操非常明智地迎接了汉献帝，得以“挟天子以令诸侯”，站在道义的至高点，笼络了不少人才。

曹操是一个出色的政治家。首先，曹操不是出身于皇室贵族，完全凭借自己的才能成就伟业。他“挟天子以令诸侯”，征讨四方，对内消灭二袁、吕布、刘表、韩遂等割据势力，对外降服南匈奴、乌桓、鲜卑等，统一了北方；他实行了一系列政策恢复经济生产和社会秩序，采取屯田制，改革户籍，兴修水利，抑制豪强，使用酷法，奠定了曹魏立国的基础。其次，他重情重义，求贤若渴。他善用人，善将将，通过举荐孝廉提拔人才，使得更多的有识之士能担任要职，社会风气逐渐好转。他厚待关羽，上马金下马银，这种求贤若渴的精神让人折服。通过种种努力，他的手下人才济济，造就了鼎足一方的盛世。

曹操还是一名出色的军事家。首先，在战争年代，他拥有很强的军事头脑。他强调战略战术，坚毅顽强，临危不惧。例如，其他人都惧怕董卓、裹足不前的时候，曹操率领自己少有的精锐出击董卓。之后，更是在群雄争霸之中，“挟天子以令诸侯”，征讨四方，长期打压吴蜀联盟，从而奠定了曹魏集团的军政基础。他先后消灭袁绍、袁术、吕布等诸侯，同时北击匈奴，渐渐地平定了北方。他不仅以身作则，而且有很强的组织才能。有一回，曹操行军途中，他传令不得让马践踏麦地，违者斩首，可是曹操自己所骑的马却因受惊而踏了麦田，于是割发代收。从此，军中纪律森严，再也没人敢违抗军令。

曹操还是文学家和诗人。曹操博览群书，尤其喜欢兵法，曾抄录古代诸家兵法韬略，还有《魏武注孙子》著作传世。另外，他才华横溢，能诗擅赋，“横槊赋诗”的故事广为流传。他创作了很多有文学价值的诗歌，读他的诗和文，常会感到他的英雄气势，如：“对酒当歌，人生几何？”“何以解忧？唯有杜康。”尤其是他的《观沧海》，很有气势：“东临碣石，以观沧海。水何澹澹，山岛竦峙。树木丛生，百草丰茂。秋风萧瑟，洪波涌起。日月之行，若出其中；星汉灿烂，若出其里。”这确实是大手笔之作。

曹操勤俭节约，机智勇敢。很多皇帝生前吃穿用都是最好的，死后的陪葬品也是最好的，而曹操并不在意这些身外之物，他不在意自己的穿着，也没有给自己准备华丽的棺木和陪葬品，死的时候穿的衣服居然还有补丁，这是让很多人想不到的事情。另外，他勇敢果断。望梅止渴、谯水击蛟，迎回文姬，痛打恶霸的故事在民间广为流传，成为一段段佳话。

当然，曹操也有缺点。说道曹操，人们首先想起的便是他的阴险狡诈、猜忌多疑、冷酷无情。曹操小时候不务正业，又不满叔父管束，于是就用欺诈的手段挑拨父亲和叔叔的关系，只为了达到自己放荡的目的。另外，曹操经常滥杀无辜，例如，他只是听到磨刀之声，听到“缚而杀之，何如”的一句话，便将吕伯奢家中的八口人全部杀掉，在得知真相后还将无辜的吕伯奢杀掉了。谈到原因，曹操只是冷冷地抛下一句“宁教我负天下人，休教天下人负我”。

这就是曹操。他可能是历史上形象最多样的人。有人评价他是“大家风范，小人嘴脸；英雄气派，儿女情怀；阎王脾气，菩萨心肠”。看来，这几种特征在他身上一点都不矛盾，这真是一个奇迹。但无论世人对曹操评价如何，无论狡诈残忍也好，足智多谋也罢，他在我眼中永远是一位英雄。

《归去来兮辞》原文及其现代汉语译文

《归去来兮辞》是著名文学家陶渊明创作的抒情小赋，也是一篇脱离仕途、回归田园的宣言。这篇辞赋，不仅是陶渊明一生转折点的标志，亦是中国文学史上表现归隐意识的创作之高峰，作品通过描写具体的景物和活动，创造出一种宁静恬适、乐天自然的意境，寄托了他的生活理想，感情真挚，意境深远，具有很强的感染力。这篇文章作于作者辞官之初，全文描述了作者在回乡路上和到家后的情形，并设想日后的隐居生活，叙述了他辞官归隐后的生活情趣和内心感受，表现了他对官场的厌恶，也表达了他对人生的思索，表现了他洁身自好、不同流合污的精神情操及对农村生活的向往。另一方面，本文也流露出诗人“乐天知命”的消极思想。

一、《归去来兮辞》

余家贫，耕植不足以自给。幼稚盈室，缾无储粟，生生所资，未见其术。亲故多劝余为长吏，脱然有怀，求之靡途。会有四方之事，诸侯以惠爱为德，家叔以余贫苦，遂见用于小邑。于时风波未静，心惮远役，彭泽去家百里，公田之利，足以为酒。故便求之。及少日，眷然有归欤之情。何则？质性自然，非矫厉所得。饥冻虽切，违己交病。尝从人事，皆口腹自役。于是怅然慷慨，深愧平生之志。犹望一稔，当敛裳宵逝。寻程氏妹丧于武昌，情在骏奔，自免去职。仲秋至冬，在官八十余日。因事顺心，命篇曰归去来兮。乙巳岁十一月也。

归去来兮，田园将芜胡不归？既自以心为形役，奚惆怅而独悲？悟已往之不谏，知来者之可追。实迷途其未远，觉今是而昨非。舟遥遥以轻飏，风飘飘而吹衣。问征夫以前路，恨晨光之熹微。

乃瞻衡宇，载欣载奔。僮仆欢迎，稚子候门。三径就荒，松菊犹存。携幼入室，有酒盈樽。引壶觞以自酌，眄庭柯以怡颜。倚南窗以寄傲，审容膝之易安。园日涉以成趣，门虽设而常关。策扶老以流憩，时矫首而遐观。云无心以出岫，鸟倦飞而知还。景翳翳以将入，抚孤松而盘桓。

归去来兮，请息交以绝游。世与我而相违，复驾言兮焉求？悦亲戚之情话，乐琴书以消忧。农人告余以春及，将有事于西畴。或命巾车，或棹孤舟。既窈窕以寻壑，亦崎岖而经丘。木欣欣以向荣，泉涓涓而始流。善万物之得时，感吾生之行休。

已矣乎！寓形宇内复几时？曷不委心任去留？胡为乎遑遑欲何之？富贵非吾愿，帝乡不可期。怀良辰以孤往，或植杖而耘耔。登东皋以舒啸，临清流而赋诗。聊乘化以归尽，乐夫天命复奚疑！

二、《归去来兮辞》的现代汉语译文

我家贫寒，耕田植桑不足以供给自己的生活。孩子很多，米缸里没有剩余的粮食，赖以维持生计的本领我还没有找到。亲友大都劝我去做官，我心里也有这个念头，可是求官缺少门路。正赶上出使到外地的事情，地方大吏以爱惜人才为美德，叔父陶夔也因为我家境贫苦替我设法，我就被委任到小县做官。那时社会动荡不安，心里惧怕到远处当官。彭泽县离家一百里，公田收获的粮食，足够造酒饮用，所以就请求去那里。等到过了一些日子，便产生了留恋故园的怀乡感情。那是为什么？本性使然，这是勉强不得的；饥寒虽是急需解决的问题，但是违背本意去做官，身心都感到痛苦。过去为官做事，都是为了满足口腹的需要而役使自己。于是惆怅感慨，心情激动不平，感觉深深有愧于平生的志愿。仍然希望看到这一茬庄稼成熟后，便收拾行装连夜离去。不久，嫁到程家的妹妹在武昌去世，去吊丧的心情像骏马奔驰一样急迫，自己请求免去官职。自立秋第二个月到冬天，在职共八十多天。因辞官而顺遂了心愿，于是写了一篇文章，题目叫“归去来兮”。乙巳年十一月。

回去吧！田园都将要荒芜了，为什么不回去呢？既然让自己的心灵被形体所役使，那为什么悲愁失意呢？我觉悟到过去做错了的事（指出仕）已经不能改正，但知道未来的事（指归隐）尚可补救。我确实入了迷途（做官），但大概不算太远，已觉悟如今的选择是正确的，而曾经的行为才是错误的。船在水面上轻轻地飘荡着前进，轻快前行，风轻飘飞舞，吹起了衣袂翩翩。我向行人询问前面的路，遗憾的是天刚刚放亮。

终于看到自己家简陋的房子，心中欣喜，奔跑过去。家僮欢快地迎接我，幼儿守候在门庭等待。院子里的小路快要荒芜了，松菊还长在那里。我带着幼儿进入屋室，早有清酿溢满了酒樽。我端起酒壶酒杯自斟自饮，看看院子里的树木，觉得很愉快；倚着南窗寄托傲然自得的心情，觉得住在简陋的小屋里也非常舒服。天天到院子里走走，自成一种乐趣，小园的门经常关闭，拄着拐杖出去走走，随时随地休息，时时抬起头向远处望望。云气自然而然地从山里冒出，疲倦的小鸟也知道飞回巢中；阳光黯淡，太阳快落下去了，手抚孤松徘徊。

回来呀！我要跟世俗之人停止交往，断绝交游，不再同官场有任何瓜葛。世事与我所想相违背，还能努力探求什么呢？以亲人间的知心话为愉悦，以弹琴读书为乐来消除忧愁。农夫告诉我春天到了，西边田野里要开始耕种了。有时叫上一辆有帷的小车，有时划一艘小船。有时经过幽深曲折的山谷，有时走过高低不平的山路。草木茂盛，水流细微。羡慕自然界的万物一到春天便及时茂盛生长，感叹自己的一生行将结束。

算了吧！活在世上还能有多久，为什么不放下心来任其自然地生死？为什么心神不定，想要到哪里去？富贵不是我所求，修成神仙是没有希望的。趁着春天美好的时光，独自外出。有时扶着拐杖除草培苗；登上东边的高岗放声长啸，傍着清清的溪流吟诵诗篇。姑且顺其自然走完生命的路程，抱定乐安天命的主意，还有什么可犹疑的呢！

《边城》中悲剧的成因

高二

《边城》作为老少咸宜的畅销读物，受到了很多人的喜爱。它以20世纪30年代川湘交界处的茶峒小镇为背景，借船家女翠翠描绘了一个凄美的爱情故事。

翠翠是爱情悲剧的产物。她的母亲同茶峒军人私奔，她的父亲欲与其母亲一起逃走，但这样违背了作为军人的职责，同时违背了作为父亲的责任。于是，他服毒自尽了。翠翠的母亲在生下翠翠后，也喝冷水自尽了。在这期间，翠翠的祖父如同没有发生这件事一样，任凭事态发展。可以说，从翠翠的身世来看，她祖父追求平淡的性格为后文埋下了伏笔。

傩送和天宝兄弟俩同时爱上了翠翠，他俩以唱山歌的方式表达爱情。天宝败下阵来，驾船去远处做生意，但是船出了事，淹死了。码头的船总顺顺因为儿子的死不愿让翠翠嫁给傩送，老船夫只得回家。半夜下了大雨，爷爷在雷声将息时去世了。翠翠只得以渡船为生，等待着傩送的到来。

在赛龙舟时，老船大就曾经提到过“假若老大要娶你做媳妇你答不答应”，但是翠翠的回答却是“爷爷，你疯了，再说我就生你的气”。翠翠的天真无邪，以及害羞的性格，成为了她在爱情路上的一道障碍。同时，天保和傩送兄弟俩以唱山歌的滑稽做法来竞争。这滑稽做法的背后，是当地人性格的体现。正因如此，傩送的爱没有被翠翠所领悟。而当翠翠感知到这一点时，却选择羞涩面对，然后傩送误以为对方不爱自己，两人就阴差阳错的离开了……可以说，傩送过于追求浪漫的诗人气质，加之双方含蓄消极的态度，加深了双方之间的误会。

在这样一个小镇里，没有刀劈连理、棒打鸳鸯的恶人。祖父由于经历了自己女儿的爱情悲剧，对于翠翠的爱情，过于主观。老船夫并没有顾及翠翠含蓄、内敛的性格，也没有直接与翠翠沟通。他并没有察觉到翠翠真正爱的人是傩送，而只是一心的为他找好的归宿。

归根究底，茶峒镇含蓄、内敛的民风造就了这段爱情悲剧。这部小说的主题就是文化在日常生活中的影响。老船夫作为家长，没有包办婚姻，也没有恶人干涉，但是面对爱情时的消极对待，造就了这段悲剧。可以说，这既是一段爱情悲剧，又是一段文化悲剧。

我眼中的《边城》

高三第一学期

《边城》完成于1934年4月19日，这是“牧歌”式小说的代表，是沈从文小说创作的高峰，作者以纯净的笔触谱写出一首爱与美之歌。沈从文说：“我要表现的本是一种……一种‘优美、健康、自然，而又不悖乎人性的人生形式。……为人类‘爱’字作一度恰如其分的说明。”全篇以翠翠的爱情悲剧作为线索，淋漓尽致地表现了湘西地方的风情美和人性美，表达了作者对童年故乡的赞美和眷恋之情。

《边城》以撑渡老人的外孙女翠翠与船总顺顺的两个儿子天保、傩送的爱情为线索，表达了对田园牧歌式生活的向往和追求，以及难以抹去的寂寞和“淡淡的凄凉”。这部爱情悲剧，通过抒写青年男女之间的纯正情爱、祖孙之间的真挚亲爱、邻里之间的善良互爱来表现人性之美。作者想要通过翠翠、傩送的爱情悲剧，去淡化现实的黑暗与痛苦，去讴歌一种古朴的象征着“爱”与“美”的人性。翠翠与傩送这对互相深爱着对方的年轻人既没有海誓山盟、卿卿我我，也没有离经叛道的惊世骇俗之举，只有原始乡村孕育下的清新自然的男女之情。作者热切地赞扬了两个年轻人对待“爱”的方式，也热情地讴歌了他们所体现出的湘西人民的心灵美。

傩送是船总的次子，他不爱说话，但相貌英俊，秀拔出群。他在不知不觉中陷入爱情纠葛，与哥哥天保同时爱上了老船夫的外孙女“翠翠”。

在赛龙舟时，老船夫就曾经提过“假若老大要娶你做媳妇你答不答应”，但是翠翠的回答却是“爷爷，你疯了，再说我就生你的气”。翠翠天真无邪，性格害羞，成为她在爱情路上的一道障碍。当地的团总以新磨坊为陪嫁，想把女儿许配给傩送，而傩送宁肯继承一条破船也要与翠翠成婚。兄弟俩没有按照当地风俗以决斗论胜负，而是采用公平而浪漫的唱山歌的方式来竞争，让翠翠自己从中选择。这做法的背后，是当地人性格的体现。傩送是唱歌好手，天保自知唱不过弟弟，心灰意冷，断然驾船远行做生意，但是船出了事，淹死了。船总顺顺忘不了儿子的死因，不愿意让翠翠嫁给傩送，所以对老船夫很冷淡，老船夫只得回家。傩送的爱没有被翠翠所领悟，当她感知到这一点时，却选择羞涩面对，傩送一方面是对兄长的死感到惋惜和愧疚而离家出走，另一方面对翠翠的求爱得不到肯定，误以为对方不爱自己，两人就阴差阳错地分开了……可以说，傩送过于追求浪漫的诗人气质，加之双方含蓄消极的态度，加深了双方之间的误会。翠翠以渡船为生，等待着傩送的归来。傩送也许永远不会回来了，也许“明天”就会回来。

归根究底，是茶峒镇含蓄、内敛的民风造就了这段爱情悲剧。这部小说的主题就是文化在日常生活中的影响。《边城》作为悲剧爱情故事，其原因并不是因为天灾人祸，恰恰相反，当地的民风即为淳朴，没有人想害别人。在这样一个小镇里，没有刀劈连理、棒打鸳鸯的恶人。老船夫作为家长，没有包办婚姻，也没有恶意干涉，但由于经历了自己女儿的爱情悲剧，对于翠翠的爱情过于主观，面对翠翠的爱情时消极对待，没有顾及翠翠含蓄、内敛的性格，也没有直接与翠翠沟通，他并没有察觉到翠翠真正爱的人是傩送，而只是一心为她找好的归宿，造就了这段悲剧。可以说，这既是一段爱情悲剧，又是一段文化悲剧。而傩送，作为受害者，令人叹惋。

一次家国情仇的艰难抉择
——桐华《曾许诺》评析

高一第一学期

在人生中，什么才是最重要的——权力、家国还是爱情？桐华，一位中国现代女作家，运用细腻的笔触，在《曾许诺》一书中探究了这些问题的答案。

本书分为《曾许诺》和《曾许诺·殇》两部分，以大众熟知的黄帝和蚩尤之战作为切入口，讲述了蚩尤和轩辕王姬西陵珩的极致之爱。桐华的文笔优美简洁、文雅出尘，富含瑰丽的想象。本书将儿女情长与国仇家恨、天下大义、民族恩怨、宫廷斗争相结合，将权力阴谋、亲情友情相互交织，展现了为国为民的大爱，叙事宏大，场面恢弘，催人泪下。

本书用生动的事例拓宽了“许诺”的定义。在本书中，很多人把内心最宝贵、最柔软的部分都承诺给了最爱的人。蚩尤义无反顾地许下重诺，不惜以己命和神族对抗、保护神农；为了践行与阿珩的第三次桃花之约，他不惜耗损百年寿命。另外，昌意当着天下的面发誓再不纳妃，昌仆也发誓若水族人永不背弃自己的族人。当然，有些人没有兑现诺言。父王承诺会好好照顾失去母亲的少昊，他却很快另结新欢；少昊和阿珩新婚时约定他们只做盟友，他也曾许下今生最郑重的诺言——“我要的不仅仅是王子妃，我还要你是我的妻子。”他不想“做一个失约的人”，但他选择了权力和霸业，注定会终身孤寂凄凉。

本书体现了桐华爱情观的进步性。首先，桐华认为女性应该自立自强、敢作敢当。阿珩追求事业独立与爱情平等，她聪慧机敏，吸引着众多异性的目光。当爱情来临时，她好好珍惜；当爱情不得不让位于国家大义时，她隐忍放手。其次，桐华认为爱情应该是默默付出，真心奉献。蚩尤像傻瓜一样执着地、小心翼翼地守护阿珩，把她看得比生命还重要，不惜以心换心，这种壮举让人咏叹。另外，他们心怀家国天下，舍小我求大义，在大战来临之前回到九夷的家中度过了一段难忘的二人时光，然后携手回到对峙的战场，坦坦荡荡地面对众人承认彼此的感情。他们用行动表明，真正的爱情并不等于隐忍偷生，也要忠于自己的国家。

本书展示了朋友情长的主题。“天下双雄，北青阳，南少昊”，难分轩轾。青阳来找少昊修剑，少昊请青阳喝酒；青阳变成少昊的样子帮着守城，连败百人；青阳得知少昊遭到宴龙羞辱后，他在整个大荒面前回敬了宴龙；青阳不顾自己身上有伤，全力抢救在虞渊中的少昊。谈笑中可以生死相酬，烦恼时可以倾吐心事，少昊第一次体会到，原来兄弟之间可以谈笑无忌、悲欢共享、肝胆相照。

本书展示了对人性真谛的深刻洞察。在对爱情的艰难选择中，在家国天下的激烈冲突中，主人公经常面临人性的考验。在灭魔阵中，盘古大帝用天地至寒比拟冰冷残酷的人生，拷问的是一个人活着的意义——“那铁血江山、生死豪情竟然都只是一场幻相！”“世间本无魔，一切皆心魔。”“心若安稳，处处都是乐土。”不管是为名、为利、为权、为情、为义，人的执念未必能温暖冰冷的人生，真正能做到不怕生死、不计得失、不惧世人眼光的没有几个人，很多时候难以分清对错。

本书也表达了天下一家、渴望和平的主题。“你若想要天下，就要先有一颗能容纳天下的心，不管高辛，还是轩辕、神农，都是土地、山川、人。”“那些荒野的无名尸体，早已经被风雨虫蚁销蚀得白骨森森，却仍旧是女儿心窝窝里的爱郎。”“对两族的百姓而言，谁胜谁负也许已经不再重要，重要的是让战争尽快结束，百姓可以安居乐业。”这些描写能使本书的主题得到升华，引起读者的强烈共鸣。

《曾许诺》自从问世后就广受读者的喜爱。这是一部底蕴深厚、具有强烈震撼力的作品，它用远古时期的纷繁世事来探讨生命的价值，富有洞穿人性的魅力，其中特有的哲学韵味会让人不自觉地惊叹于那美妙的文字所产生的神奇魅力，自觉丰富、净化自己的灵魂，探索生命的真谛。

不信，你可以走进《曾许诺》。

生活篇

吃苦耐劳，军训给我们上的第一课

高一第一学期

伴随着大巴车一辆接着一辆地离开军营，我的军训生活结束了。虽然从第一天训练开始就盼着这一刻，但此时，我竟对这里产生了一丝留恋。因为，我在这里学到了太多太多。

在骄阳下，流汗或许是最正常的事，可对于我们这些温室里的花朵来说就比较少见了。以前每天享受着空调带来的凉爽，娇生惯养的我们渐渐疏远了吃苦耐劳的精神，害怕甚至畏惧灼热的阳光，直到军训的到来，让我们从中得到了平时不可能经历的锻炼。

军训是高中新生入学的第一课，也是一堂综合素质提高课。一声铿锵有力的“立正”之后，便开始了我们艰苦的军训生活。军训的第一课，也是最苦最累的一课就是站军姿。动作要标准，抬头，挺胸，收腹，十指夹紧贴于裤缝，要像棵笔直的树一样在阳光下站立20分钟。在炎炎烈日下，大家的脸上像涂了一层层火红的“胭脂”，很快，脸和手臂被晒得黑黑的。天地像是一台微波炉，炽热的温度让同学们挥汗如雨。遗憾的是，才过了二十分钟，就有同学中暑倒下了，这体现了我们青少年身体的虚弱，也体现出我们平时运动量不足。但我们大多数人笔直地站着，忍着身上的痒痛，坚持以标准姿势站立，手贴紧裤缝，伸直腿，抬起头。这样的日子渐渐磨去了我们的娇气。

第二课是转体、齐步走、正步走、跑步走的训练。我们十分认真刻苦，动作要重复很多遍，力求做到最好。哪怕是一个最简单的动作也要重复无数次，还要喊口号，动作由原先的生疏变得整齐划一。正如孟子说的：“天将降大任于是人也，必先苦其心志，劳其筋骨，饿其体肤，空乏起身，行弗乱其所为，所以动心韧性，增益起所不能。”正如“九三”大阅兵上，检阅仪仗队迈着整齐的步伐、喊着洪亮的口号走过天安门城楼时，人们对这支军队的敬意油然而生。我们当然也可以尽量做到。日晒过，雨淋过，腿酸过，脚痛过，每走一步都很难受，我们还是努力将每一个动作做到位……

在训练场上，一个简单的动作往往要重复多遍，直到认为无可挑剔为止。在列队训练时，要走出好的队形，不是依靠某一个人的训练成果，而是依靠团队的整体训练效果。泰戈尔说过：“只有经历地狱般的磨炼，才能炼出创造天堂的力量；只有流过血的手指，才能弹出世间的绝唱。”虽然脚上磨出了血泡，真的感到军训很苦，也有过抱怨和退缩的念头，但大家还是咬紧牙关坚持下来。

军训的一个重大收获就是学会了自己照顾自己。军训前，我经常在家里不叠被子，不收拾屋子，衣服也是直接扔进洗衣机，让父母代劳。虽然父母也教过我如何手洗衣物，但我很少自己动手。到了军营，没人帮我整理衣物，也没有洗衣机可用，一切只能靠我自己。很快，我学会了手洗衣物，还经常帮舍友收拾宿舍，这成为我训练之余的重要事情。

另一点收获就是养成了吃饭不剩饭菜的习惯。在军营中的第一顿饭前，教官要求我们吃光盘子里的所有饭菜，否则就将受罚。我将这句话牢牢记在心里，打饭时勤拿少取，即使饭再难吃也要吃完。慢慢地，养成了不剩饭菜的习惯，即使没有人监督也不会剩饭菜。

给我印象很深的是教官的坚忍。在休息期间，教官们对我们像朋友一般，与我们无话不谈，对每位同学给予关爱。但在我们训练的时候教官们通常很严厉，重视纪律，不允许我们有丝毫的马虎。他们的喉咙已沙哑，但仍然有力地喊着："稍息""立正""一二一""齐步走""跑步走""目视前方！不得低头！不得东张西望！军姿必须站标准！"在教官的法眼注视下，想乱动一下都很难。然而，就在我们快坚持不住的时候，教官说了句让我们感到惊讶的话。他说他们军人最喜欢站军姿了，因为这算是他们最简单的课目。我们对此感到万分惊讶，同时对自己的娇生惯养感到十分惭愧。教官能做到，我们为何不能学学他们呢？

时间就这样不知不觉地过去了，短短几天的军训给我留下了宝贵的精神财富。"宝剑锋从磨砺出，梅花香出苦寒来。"幼苗不经风霜洗礼，怎能成长为参天大树？年少的我们不经艰苦磨练，又怎能成为国家的栋梁呢？军训增强了我们身体素质和纪律意识，我们很快就少了许多娇嫩和懒散，多了很多吃苦耐劳。另外，通过军训，同学们的思想境界和综合素质得到提高。同学们学习了国防知识和技能，大大增强了国家意识、民族意识，不仅磨练了坚强意志，学会了自立自强，培养了集体荣誉感，增强了"天下兴亡、匹夫有责"的使命感。相信在今后的高中学习生涯中，我们定会发扬在军训中继承的优良作风，力争在三年后创造辉煌。

让共享更文明

高一第一学期

2016年，共享单车在中国火爆登场，带来了生活方式的巨大变化。在短短几个月时间内，缤纷绚烂的共享单车以绿色、低碳、循环、可持续的出行方式，有效解决了短途出行“最后一公里”的便利问题，既便捷又实惠，迅速风靡中国各大城市，得到越来越多人的青睐。

共享经济在中国广受欢迎。共享单车不但已成为上班族、学生族短途出行的首选，也带来了绿色出行新方式。继共享单车之后，共享汽车悄然兴起，针对用户的不同需求，覆盖市场上的大部分车型，正在引领共享经济新时代。如今，共享电动车、共享充电宝等产品不断加入，全国参与共享经济的人数已超6亿，显示了创新经济的活力。

但是，事物总是有两面性。在共享经济快速发展的同时，也出现了一些不文明现象，就像是不和谐的音符，扰乱了流畅美妙的视听盛宴。共享单车停放混乱、车辆受损、被长期霸占的现象时有发生，还有人无视安全骑行规则，甚至利用共享单车上的二维码进行诈骗……种种不文明的现象表明，社会的文明素养还需进一步提升。

针对以上不文明行为，特提出以下改进建议。

第一，针对共享单车乱停乱放的问题，可以在居民小区周边、商业区、企业密集区等人流量大的区域规划出足够的共享单车专属停放区域，并安排专人提供服务，协调车辆的使用、停放、更换、维修等问题。在荷兰的阿姆斯特丹，共享单车都停放在指定位置，并有专人监管，车辆的使用效率较高，这值得我们借鉴。

第二，针对共享单车丢失、损坏严重，不文明骑行的问题，可以从两方面着手。首先，共享单车企业可以将所属单车编号，并要求骑行者事先进行实名登记。这样在处理不文明行为时，就可以根据涉事单号找出当事人，对其进行适当的教育或惩罚。其次，制定有效的奖惩措施。共享经济需要强有力的执行制度作为保障。对长时间文明骑行的人，给予一定的奖励，如骑行费用减免、公开表扬、使用其他公共交通工具费用减免等；对于那些经常出现不文明行为的人，可以增加骑行费用、减少使用次数、录入诚信档案、在媒体上曝光、减少乘坐其他公共交通工具的便利性等措施，甚至限制其贷款。

第三，针对将共享单车据为己有、利用共享单车进行诈骗的行为，可以采取一定的反制措施。共享单车公司可以将二维码印在车上，在车上安装报警装置，随时把单车的使用情况（如行车路线）传给公司相关负责部门，遇到突发情况（如车辆受损、被盗、被长期占用）可以第一时间报警，以便及时采取有力措施制止破坏、诈骗行为，这样才不会给犯罪分子可乘之机。

第四，政府和社会也应该负起监督责任。政府相关部门要切实担负起监管责任，不文明事件发现一起就查处一起，惩罚力度要远高于不文明行为的成本，绝不姑息，这样才能起到警示、震慑作用，减少此类事件的发生概率。也可以多通过媒体加大宣传力度，多做正面报道，倡导文明骑行，榜样的力量是无穷的，正面引导更容易在全社会培养风清气正的氛围，提高人们的文明素养。

让共享更文明，从你我做起。文明共享的社会需要你我共同创造、共同捍卫。共享经济是中国人构建的硕果累累的过去，也是中国人描绘的无限美好的未来。我们从来都有坚定的意志、充分的信心和足够的能力去创造新时代，让我们共同努力，书写共享经济的恢弘篇章！

漂流书中的大爱

高一第一学期，期中考试

目前，一种充满神秘感和浪漫情调的时尚阅读——“图书漂流”正在我国悄然流行。图书漂流活动源自20世纪60年代的欧洲，是指书友将自己已经阅读过的书捐献出来。然后贴上特定的标签，投放到公共场所，无偿供大家阅读，阅读之后，图书重新投放到公共场所，或直接传递给下一个读者，就像大海中的“漂流瓶”一样，让书的生命得到延续，让阅读的快乐通过图书的传递来分享。图书的循环使用，既满足了全民阅读的需求，又让知识资源得以共享，往往会产生1+1＞2的效果。

最近，在我所工作的咖啡馆中展开了“漂流书”活动。本来就不大的店内又塞下了一个书架，人们须要侧身而过，这对我的工作造成了极大的不便。

有一次，一位顾客在行走时被绊倒，咖啡洒在了书架上。我极不情愿地拿着布，来到书架前。这时，一本盲文书吸引了我的注意。书页早已变黄、粗糙，但依然结实。我不知道书的主人是谁，但是，扉页上的便签格外引人注目：

“送给需要的人——你们的前辈。”

这时，一位老人进了店。他戴着墨镜，拄着盲杖，一步一步地挪到了收银台前。

“请问你们是参加漂流书活动的那家店吗？”

“是的，您从这里右转，走到头，就是书架。”

嘴角微微上扬，他快步踱到书架前，摸索一阵后，最终，那本盲文书被他取了下来。

这大概是我所见过的最有兴致的人：他的手贪婪地索取着文字，透过墨镜，我能看到他压抑着的光。

不知不觉间便到了打烊的时间，乐曲《回家》已经放了很久，店里只剩下了我和那位老人。此时他已经读完了最后一页，手里捧着书，坐在椅子上发呆。

“先生，我们——已经到了关门的时间，想看的话可以明天再来。”

他依然一动不动。突然，他说道：“我……今天可以拿回去吗？”

“这本书来自我的父亲，他和我一样，也是盲人。这是他最为钟爱的一本书，甚至都不许别人碰它。后来他去世了，临终前，他把这本书交给我，让我把它送到社会中去。如今，读到这本书，便如同与父亲重逢……他生前致力于推广盲文书籍，这本书便是他亲手所著。我想将它再送给相关组织，让更多盲人朋友受益。我会把新书送回来的。”说罢，便转身离开了。

我望着他远去的背影，心中久久不能平静。萧伯纳说过：“你有一个苹果，我有一个苹果，我们彼此交换，每人还是一个苹果；你有一种思想，我有一种思想，我们彼此交换，每人可拥有两种思想。”我从漂流书中得到的正是思想的深刻碰撞，这让我懂得了人间的大爱。

高一下学期百日计划总结

高一第二学期

转眼间，高一下学期已经接近尾声。这持续一学期的百日计划活动，实在是令我收益颇丰。在这次活动中，有坦途也有坎坷，有欢笑也有苦涩，汗水使我多了一份沉重，计划让我多了几分稳重和成熟。

我通过做计划受益匪浅。国家有五年规划，个人也要有每日计划和百日计划。所谓“二十一天习惯养成”，确实如此。一百天过去了，我收获了很多，不仅养成了好习惯，提高了学习成绩和身体素质，更为可喜的是，我还能够很好地坚持下去。

首先，通过这次活动，我养成了自觉做计划的习惯。有了计划，才能有前进的方向和动力。有时，成功就在于定下目标，并且有条不紊地坚持下去，每天进步一小步，百天就能进步一大步。经过上个学期百日计划的历练，我对做计划这事已十分了解甚至熟练，在本学期，我给自己定下了更多、更高的目标——每天高质量地写完作业，每日课外运动15分钟。我明白，对于学生而言，做到这两点，便打好了学习的基础。然而理想很美好，现实却往往很骨感，计划毕竟不同于现实，需要我们缜密思考，小心实践，在实现计划的过程中需要付出很大的勇气和努力，挥洒汗水。令人欣慰的是，我做到了，实现了目标。

例如，经过努力，我能每天高质量地完成作业。一天的学习结束过后，做作业能有助于很好地复习所学知识式，而如果作业都能够认真完成，那么即使不复习，也能比那些不好好写作业却每天翻笔记的人用掉的时间少很多（这还是在收获相同的情况下）。每天的在校学习已经很累了，回到家总想玩玩游戏，上网聊聊天，放松一下，难免在复习和写作业上放松要求。但每当我想要松懈时，当我想要偷懒甚至放弃写作业时，我总会想起自己的百日计划，就会鼓励自己：再累也要认真完成！在日复一日的咬牙坚持中，一百天过去了，我的学习能力有了一定的提升，终于，我已经能够很认真自觉地完成作业了，而且写作业的速度提高，质量有了较大改善，真是没有辜负这一百天的努力。

另外，我的运动成绩有了较大提高。每天课外运动十五分钟，是我给自己定下的最低目标。在这之前，体育一直是我的短板之一。我从小身体瘦弱，体重刚刚达标。如此瘦弱的我，自然在体育测试上难以获得好的成绩。体育课成绩多数是良，甚至及格，而且多年来没有大的进步。从上学期开始，我坚持每天至少认真锻炼15分钟——这可比高质量地完成作业容易做到。我每天放学后很高兴地和同学们一起踢球，或者跑跑步，同时计时。在同学们的监督下，在我的不断努力下，终于，我的大部分体育体测成绩由及格变成了良，甚至是优，虽然还不是很好，但相比以前已经有了很大的进步。而且，我不再是体育比赛时场边的看客，而是作为运动员去感受其中的喜怒哀乐，亲眼见证赛场上的是非成败，培养了不怕失败、百折不挠的勇气。赛场上每一个点滴，都如此震撼我的心灵，让我知道奋斗的可贵，知道了什么是拼搏和激情。运动就是我们生活中的彩虹，它让生命丰富多彩、美丽夺目。青春的生命，青春的运动，使我们放飞心灵，无论成败。

这次百日计划活动结束了，但是它带来的收获将永远陪伴我——有了计划，就有了前进的方向；有了坚持，就有了到达成功彼岸的动力。

这次活动也让我懂得，人生要自己去拼搏，去奋斗，每一份辛劳都回有一份回报，每一次痛苦都是更多快乐的开始。我们年轻人要在风雨中百折不挠，勇往直前，因为成功属于那些战胜失败、坚持不懈、勇于追求梦想的人！

莫让评比迷惑人的心智

高二第一学期，期中考试

最近，在各大社交平台上，各种拉票的信息层出不穷。常有人因票数过少而“强制”别人帮忙投票，甚至重金聘人拉票，使孩子的票数高高在上，但未必能达到目的。

首先，拉票往往是一种不健康的虚荣心作祟。让自己孩子票数高的目的，无非是为了评上所谓的“最萌宝贝”等称号。但是，评上的目的又何在？除了一些所谓的“证书”以外，其实更多的，是因为虚荣。别人的孩子参加了，那我们也要参加，不能输在所谓的起跑线上，更不能比别人少哪项荣誉。这样的评比完全变了味，它迷惑了家长的心智，放弃了评比的初衷，这样的行为必然是不健康的。部分平台抓住了家长的虚荣心而做出了违法的事情，让投票适得其反。曾经有过这样一件事：某“最萌宝贝”评价平台为了赚钱，推动出水军为选手拉票，又操控第一名的票数，让其居高不下，使得第二名的家长拼命砸钱，却什么也没有得到。

其次，被迫投票者不堪其扰。第一，被动投票缺乏公平性。这种投票本来应该基于所投对象的表现，而且投票本应出于个人的自愿。曾有家长这样说道：“我给谁投票是我自己的事情，不会因为是朋友的孩子而有所偏袒。”能做到的人很少。出于情谊，不少人会仗义出手，投票给自己熟悉的人，让投票演变成了哪个家长的人脉广、基金实力雄厚，哪家票数多，从而失去了投票的公平性和它本来的价值。第二，被迫投票耗时费力。有时投票需要关注公众号，甚至要填写个人信息，而且这类拉票活动市场出现，需要耗费大量的时间和精力来应付这类事，所以正常的生活和工作被扰乱，慢慢地开始不耐烦了。第三，影响朋友之间的感情。拉票的家长不考虑被迫参与者的感受，经常催促别人帮忙投票，甚至对不给自己投票的人恶语相向。对于一个经常拉票的家长来说，别人可能会对他产生厌烦心理，这种做法极大地影响了朋友之间的友谊。

所以，对各种评比公平以待，对网上投票采取审慎态度，这是最重要的。是否是“音乐天使”“艺术之星”，别人在日常生活中可以观察得到，如果平时表现一般，即使评比胜出也不能说明孩子就是人中龙凤。冷静、客观地对待评比，不让它迷惑自己的心智，这，才能发挥它最大的作用。

小事不小

高二暑假

我以前一直认为，分拣、摆放图书是一件非常容易的事情。直到这个暑假在中国书籍出版社实践之后我才体会到，任何小事都不容马虎，正所谓小事不小。

这个暑假，母亲所在的出版社——中国书籍出版社组织了一场新书展示会。我去现场帮助发行部和库房的工作人员搬运参展资料，整理图书，码放图书。发行部的管理人员嘱咐我，这是一次很重要的新书展示会，很多新书将在这次书展中亮相，所以一定要认真，让新书闪亮登场，千万不能出差错。整理参展用的图书，是整个新书展示会最基础的工作，我一开始并没有把它放在心上，心里暗想，不就是整理资料、搬东西嘛，这都是体力活，有什么难的?

但是我很快就发现自己错了。早在新书展示会开始前三小时，我便早早地来到了库房，准备搬运图书，然后帮忙布置会场。我早就听说出版行业要求非常严格——出书要一丝不苟。编辑要严格按照规范形式，反复审查书的内容是否有缺憾，封面、扉页、版权页是否正确，作者的版权是否有问题，等等。没想到，库房和发行部的工作也这么辛苦，需要这么多的细心和耐心。我曾听一个仓库管理人员说过，有一个工作人员因为一时疏忽，将一本书放到了错误的发行批次中，导致这批货物全部作废，使得出版社蒙受了很大损失。这席话让我不由得紧张起来，更不敢懈怠了。

发行部的管理人员嘱咐我，这是一次很重要的新书展示会，很多新书将在这次书展中亮相，所以一定要认真，让新书闪亮登场，千万不能出差错。当时，时间紧任务重，我们必须快速行事，库房仿佛成了一个没有硝烟的战场。我们在库房中忙碌，从海量的图书中找到正确的图书，打好包，运到会场又火速返回，反复几次。我也不敢怠慢，跟随着人群进进出出。不过一会儿，身上便已经湿透，腿仿佛灌了铅一般。这次要展出的书很多，我们把最近一年出版的各类新书样品分门别类地在会场摆好，从国学书到文学书，从英语书到学术书，琳琅满目，而且同类书和丛书要放在一起，既要照顾展品的位置，突出重点，注重美观性，还要方便读者的拿取。我严格按照要求，根据书的分类、大小、内容等把图书放置在不同的位置，还要帮着把重点图书做成各种造型，高高地叠成一摞摞的，反复琢磨码放的最佳效果。这可不是一件轻松的活，我费了很大力气，反复摆放了好几次，花了很大心思才弄好。摆放完毕后，我还对照原来的计划方案认真检查了几遍，确保万无一失。在新书展示会现场，我一直忙碌着，配合其他工作人员做各种临时性的工作，一直到活动结束。好在新书展示会有序地进行下去，没有出现失误，这使我长长出了一口气。

我深深体会到，搬书、摆放、做临时性的工作，这些事情虽然不起眼，但是不可或缺，在时间紧迫的情况下需要保持一定的速度和效率，同样锻炼人的意志。看似只是一件件小事，却考验着我们解决问题的能力和反应能力。

这次经历使我受益良多。这让我明白了，不管干什么事都要认真。即使常人看起来很粗重的工作，也需要十足的细心和耐心。我将来在工作岗位上，面对的困难肯定会比学校里的困难复杂得多，解决问题的过程也必定十分艰辛、劳累，在学校里遇到的问题与工作岗位上将要遇到的问题比起来，简直是小巫见大巫。那么，我们需要以更加坚定的态度来解决问题，在紧急状况下保持冷静，一步一个脚印，即使遇到再大的困难也要坚持认真细致地完成。这反过来告诫我，对于平时学习中粗心大意的毛病，我一定要改正——因为同样的小纰漏，如果放在工作岗位中，稍不留神就可能酿成大错。我们有什么理由不努力，又有什么理由去退缩、逃避呢？

小事不小。通过这次体验，我体会到在生活中一定要努力、细心，唯有这样，将来才能在社会上有自己的立足之地。

责任·认真·机会

——值周总结

高二第二学期

时光荏苒，转眼间，这已经是自己高中生涯的最后一次值周了。与前两次不同的是，除了日常值周生的任务，这次值周我还担任了更为重要的任务——早岗和查迟到。

作为班级的门面，每天的早岗最为学校所重视。早岗人员的精神风貌，可以体现出学校和所在班级的形象。因此，对于这项任务，我丝毫不敢马虎。这一周，我每天站在校门口，迎接上学的人流，自觉地端正站姿，力求身体笔直，精神饱满，因为我的精神面貌极大地影响着班级的形象，甚至校门口的路人对于学校的看法。五天下来，每天站在校门口半个小时，既劳累又枯燥，但是能够代表班级展示精神风貌，再苦再累也是值得的。另外，这项工作改掉了我睡懒觉的习惯。站早岗使得自己要提前半小时起床，对于之前习惯于赖床的自己而言，实在是一种挑战。但是，一周下来，不论再困，也能够做到准时起床。在改变生活习惯方面，站早岗使我受益良多。我的早岗形象受到了老师和同学们的良好评价，这让我感到自豪，同时深刻体会到，时间是自己挤出来的，只要对自己严格要求，就可以在有限的时间里做更多的事情，可以实现更快速的进步。

站完早岗后，我还要检查各班的迟到情况。我自己也曾经迟到，被检察人员扣过分，当时还对值周生的过于较真而感到不满。但当自己亲自来检查迟到情况的时候才明白，值周生这么做，纯粹是出于对工作的认真负责——迟到了，做了错事，就要接受惩罚。惩罚的目的不在于事情本身，而在于通过惩罚让同学们养成良好的学习和生活习惯。这周一共查到了迟到三人次，这些同学没有迟到后再犯的情况。早上连续站一个小时固然辛苦，但是自己却不觉得累，因为我是光荣的值周生，我用实际行动维护了良好的校风校级，不仅严格要求他人，更是严格要求自己，让我们表现更加出色。

另外，值周让我懂得了抓住机会的重要性。成功的人永远都是懂得抓住机会的人。在高中的这三次值周中，身处不同的岗位，收获和感受不同，但有一点是相同的，就是需要认真负责、无私奉献和吃苦耐劳的精神。每天，我都有很多重要的机会从各方面锻炼自己的能力。我可以抓住扫地的机会，学习如何劳动，培养团结合作的精神；可以抓住读书的机会，学会朗读，培养阅读的好习惯；可以抓住课堂发言的机会，培养口头表达能力；可以抓住听讲的机会，学习听课技巧，培养自学能力。机会稍纵即逝，要想抓住这些机会，就要主动吃苦，舍得付出，这样才能成功。

就这样忙忙碌碌地度过了这段难忘的值周时光。我还会继续努力，将从值周感受到的认真负责、吃苦耐劳的精神用于今后的学习和生活，从身边的每一件小事做起，脚踏实地的处理好每一个。希望我能不断跨越生活中的沟沟坎坎，去实现自己的理想，去开创属于我的那片天地。

说“玩儿”

高二第二学期，期中考试

提到玩，人们的看法不一。有人说玩使人放松，有人说玩物丧志。其实，玩只是一种生活的方式或手段，结果是好是坏，取决于人们的态度和选择。

第一种玩是做事松懈，无视规则。韩退之曰：“业精于勤荒于嬉。”人们以此教子，鼓励孩子勤奋学习。但有的人一想到玩，就降低对自己的要求，做事松懈。在学校，老师布置作业的目的就是为了让学生巩固已学知识，预习新知识，在细水长流的合理时间安排之下，达到调整、巩固、充实、提高的目的。但常常有学生不懂得合理安排时间，假期开始时把作业的事情抛到脑后，等快开学了，开夜车狂补作业。这样没有让写作业起到应有的作用，不仅损坏了身体，也不利于养成合理利用时间的好习惯。在当代社会中，因游戏荒废学业、耽误工作的大有人在，而几乎所有游戏的开始界面都会有一句“切勿沉迷游戏”的温馨提示。我们可以把玩儿作为业余放松的事由，但要时刻警醒，不能忘记真正要做的事情，做到在玩儿和工作学习之间游刃有余。

第二种玩儿是放任自流，玩物丧志。没有规矩、不分主次的“玩”，很容易让人丧失上进心。过度玩乐可能使普通人庸庸碌碌。有人因沉迷于网络、赌博而荒废了学业或工作，最终一事无成，这就是“过度放松”的典型。过度玩乐可能使帝王有家国性命之虞。周幽王为博妃子一笑，烽火戏诸侯，从而失去了诸侯的信任，导致亡国。沉迷于书画的宋徽宗、沉迷于诗词的李煜失去了花花江山，在敌人的铁骑下山河破碎，民不聊生，承担了千载骂名。天启皇帝酷爱木工，整天在皇宫中打造木器，造成朝政混乱。这类玩让人痛心。玩本无罪，罪在没有节制，无视规则，不分主次，不治国计民生。这种玩儿违反了法律和社会道德准则，是我们应该摒弃的。

第三种玩儿是对生活的热爱。玩儿是人类好奇的天性使然，玩儿可以开发智力，陶冶情操，培养好奇心，玩中有智慧，有情趣。“最喜小儿无赖，低头卧剥莲蓬”，让人眼前不由得浮现出淘气赖皮的童子形象。动物行为学认为，“顿悟是最高级的学习方式”，而顿悟大多数情况下发生在玩儿的时候。小时候的那些游戏，像跳皮筋、跳方格、翻绳等，都是精心设计的智力开发过程。另外，独乐乐不如众乐乐。古人善于从大自然中、从玩乐中寻找雅趣与文采。孔子说：“暮春者，春服既成，冠者五六人，童子六七人，浴乎沂，风乎舞雩，咏而归。”中国文人玩得最普遍的大概是诗词。从屈原身披木兰饮食朝露到王羲之曲水流觞，更有宋人凡井水处能歌柳词。欧阳修随宾客欣赏琅琊美景，写出了《醉翁亭记》。苏轼与众人乘小舟玩“小赤壁”，豪气顿生，写出了《赤壁赋》，抒发对古代英雄的追思。

第四种玩儿是一种钻研方式。更高层次的玩儿，是对瓷器、书画、金石的鉴赏，是对家具钟表的收藏，是对文化的深入研究和传承。在此过程中，我们能够确立志向，成就事业。王世襄一生硕果累累，出版了多部“世纪绝学”，但他说自己这辈子“净玩了”。通过钻研，“玩儿”成就了他在文物鉴赏界的声誉。钱学森是我国杰出的科学家，他在小时候喜欢玩扔纸镖的游戏，“玩儿”使他从小就养成了用心思考的习惯，这对日后的科学研究起到了很大的作用。法国昆虫学家法布尔在童年就被乡间的蝴蝶与蝈蝈所吸引，对昆虫越来越感兴趣，全身心地投入观察和实验中，同时整理研究昆虫的笔记与实验记录，完成了《昆虫记》这部巨作。荷兰的列文虎克自幼酷爱镜片，一次机缘巧合，他用特殊方法嵌合了放大镜，极大地提升了放大倍数，第一台显微镜也就此诞生。这里的玩不是玩物丧志，而是作为爱好，从而有了前进的动力。这种能够分清主次的玩，才是我们所需要的。

玩本无罪，但切不可玩物丧志。只要我们玩儿得有分寸，有主次，就能取其精华，去其糟粕，就可以怡情、立业。因此，玩究竟是促进工作、学习还是危害自身，全凭人们对它的利用方式。身为新时代的青少年，我们的志向和成就影响着中国的未来，我们要平衡好工作、学习与玩儿的关系，掌握好玩儿的时间与内容，在玩的过程中确立自己的理想，为祖国的发展贡献出自己的一份力量。

我想握住你的手

高三第一学期

【摘　要】每一双手都有属于自己的一段故事。弟弟的手让我重温童年时光，爸妈的手充满温暖关爱，同学的手激发前进力量，科学家的手点燃报国热情。无数双支撑我们前行的手，让彼此的感情变得更加深厚。握手，让我们的世界变得更加美好。

【关键词】握手　弟弟的手　爸妈的手　同学的手　科学家的手

握手，是一种再平常不过的礼仪。握手，让熟悉的感情变得更加深厚。与不同的人握手，会带来不同的生活体味。

我多么想握住弟弟的手，重温童年的时光。有一次，我年仅两岁的弟弟和他的父母来家里做客。吃饭时，我在一旁看着他。他正沉浸在与母亲相处的幸福时光中。他的手是那样的细腻，看不见一处伤痕，连筷子都握不住。弟弟举着双手踉跄着跑几步，就倒入了妈妈的怀抱。就像龙应台所说的："我愿意等上一辈子的时间……孩子你慢慢来，慢慢来。"这句直触心灵的话柔柔地包裹了我，像软软的、厚厚的毛毯，让我的世界只剩下了温暖。弟弟这双手，迟早要经历劳累痛苦，这是成长必须付出的代价。但现在，就让他享受这纯真的快乐和无忧无虑的时光吧！我不由自主地抱起了小弟弟。我多么想握住他的手，让自己变小，再变小，回到那个无忧无虑的童年时代。

我多么想握住妈妈的手，享受温暖的怀抱。都说母爱是世界上最伟大的爱。是妈妈，给了我享受阳光和雨露的生命。我喜欢妈妈极其温柔的母爱。妈妈那双温暖的手，随时准备接住跑过来的孩子，这是多么甜蜜温柔的情景啊。当有一天，孩子长高了，不再需要妈妈的温暖，妈妈的手却还会在那里等待。在我垂头丧气时，是妈妈让我看到了黎明的曙光。当我厌倦学业时，是妈妈让我听到成功的律动。当我遇到坎坷时，想起你温暖的手，总会毫不犹豫地跨过去。我想留住宝贵的光阴，记录生活的点点滴滴，就让我紧紧地握住妈妈的手吧，看那爬满老茧的手镌刻着我成长的痕迹，心里一次次地感受着妈妈给予我的爱。

我多么想握住爸爸的手，奉上衷心的感谢。父爱如山，是一种默默的关爱。父亲不善言语，不轻易表露感情，小时候我总以为自己缺乏父爱，因此总是和父亲对着干。随着年龄渐长，我逐渐明白，爸爸每天早出晚归，为我们这个家做出了太多的努力。父亲给了我受教育的机会，教会了我善良真诚，给了我行走的力量和勇气，教我摔倒后自己站起来。是他让我充满自信，催我奋进。爸爸，我想握住您的手，与您一起漫步在田间小路，欣赏春华秋实，日升月落，以弥补我们曾经错过的乐趣。让我们一起努力，迎接幸福的明天！

我多么想握住同学的手，分享前进的力量。曾经见过一名刚刚练完引体向上的同学的手。在万物萧条中，在凛冽的寒风里，他一直坚持苦练。他平时不拘小节，给人一种做事不着边际的感觉，但一旦认真起来就让人自愧弗如。他的手背与常人无异，但是把手翻转过来，赫然可见手心中的血迹。红色的鲜血与白色的镁粉混在一起，形成一个个淡红的斑块。不是亲眼所见，真不敢相信他竟然有如此强大的毅力。正当我为他感到难受时，他微笑着看着我，搓着磨出水泡的手，若无其事地涂上新的粉，从容地握住了单杠。这双手的主人不一定是“成功者”，但胜似成功者。他鼓励我也试试，这让我非常感动。我有一种被重视的感觉。欢乐，我们可以一起分享；痛苦，我们能一起承担。我多么想握住他的手，来为我的体育测试增添信心。我多么想做他最忠实的观众，为他加油助威！

我多么想握住科学家的手，捧出我的敬意。林俊德是献身国防科技事业的杰出科学家，参与了我国全部的核试验。在原子弹爆炸、蘑菇云腾起的瞬间，林俊德就和其他科技人员一道向烟云开进，搜寻记录爆炸数据的设备。即使在生命的最后一天，他也强忍着剧痛，坚持伏案工作长达74分钟！在电视屏幕上，我看清了他的手——这是一双经历了多少苦难的手啊！上面布满了皱纹，几乎成了酱红色；静脉血管如同蚯蚓一般盘绕其上。但是，这样一双手，让每次核试验都创造了惊人的“中国速度”。“铿锵一生，苦干惊天动地事；淡泊一世，甘做隐姓埋名人。”这副挽联是对林俊德一生最简洁的概括。我多么想握住你的手，刺痛我安于享乐的神经，点燃我报效祖国的热情！

每一双手都有属于自己的一段故事。正是这一双双经历了无数沧桑的手，书写了历史，承载了文化！在无法坚持时，请记住，背后始终有无数支撑我们前行的手。这一双双手，把曾经摔倒的我们扶起来，让我们充满力量。我想握着你们的手，倾听内心深处的声音。握手，让我们的世界变得更加美好！

参考文献

[1] 杨云帆. 中国工程院院士林俊德：苦干惊天动地事甘做隐姓埋名人[J]. 中国科技产业，2018，（5）.

［2］王一岩. 握手）——《科学家的故事　钱伟长》创作感悟［J］. 中国电视（纪录），2011，（10）.

［3］林非. 纯洁真挚的友谊——读吕中山散文集《与名人握手》［J］. 文艺评论，2009，（2）.

［4］姚宜瑛. 握手［J］. 周末文汇（感悟），2000，（1）.

防水材料封堵效果评价新方法

高二第一学期

【摘　要】针对目前建筑防水材料对混凝土墙面中渗水封堵能力评价方法缺乏，优选石油天然气行业使用以封堵前后液相渗透率下降幅度评价不同材料封堵性能方式，初步建立防水材料防水效果评价方法。定义防水材料封堵性能参数，表征防水材料降低混凝土墙面中清水渗透率幅度。室内利用3枚Φ25mm×50mm混凝土柱塞端面与防水材料钢塑泥直接粘结模拟防水材料直接涂于墙面效果，实验测定3枚柱塞中防水材料封堵性能系数均为100%。室内利用3枚Φ25mm×50mm混凝土柱塞端面先后与水溶性蜡笔、防水材料粘结模拟防水材料与墙面间含有空隙，实验测定3枚柱塞中防水材料封堵性能系数同样均为100%，与防水材料实际防水效果吻合。研究表明，利用封堵前后渗透率降幅评价防水材料封堵效果可行。

【关键词】建筑防水　封堵效果　渗透率　室内实验

1　防水材料质量评价方法现状

在高楼林立的今天，建筑领域蒸蒸日上，但建筑工程中渗漏水问题依然屡见不鲜，如外墙面渗漏、地下室渗漏、屋面渗漏等。导致建筑渗漏水的主要原因包括：房屋沉降不均匀、墙体有裂缝或空洞、装修钻孔打洞时的较大震动导致防水层损坏、上下水管破裂或接头处结合不良、气候的冷暖变化严重导致热胀冷缩、风霜雨雪与霉菌的侵蚀等，众多的问题导致防水材料失效，最终引起渗漏水问题。因此实际防水材料防水性能必须满足对外界温度和外力具有一定适应性，即材料的抗拉强度要高，裂伸长率要大，能承受温差变化以及各种外力与基层伸缩、开裂所引起的变形，保持自身的粘合性，能与基层粘结。综上，我们可以将防水材料渗漏的原因归结为两类：（1）材料自身的耐受性差。（2）材料与墙体配合性差。

根据四川省建工局十大队（1972）调查结果，墙面渗漏往往是气泡造成，共剖开26个含气泡墙体察看，其中19个气泡是在基层与防水材料之间产生的。在另一个工程调查中剖开14个气泡，只有2个气泡产生于卷材层之间，其余12个都在基层与卷材层之间发生。牛光全（1994）发现太原钢铁厂粘结较好的抹面使用8年后依然具有较好的防水性能，而同期的粘结较差的在1年后即产生鼓泡脱皮现象。朱今天（1995）通过日本JISA6008标准测定国产粘合剂，认为国内粘合效果全部不及格。朱志锋（2008）认为防水屋面渗漏的原因之一是卷材铺贴在含水率较大的基层上，又未采取相应的技术措施。可见，实际应用中，由于建筑本身应变应力对防水材料与建筑基层伤害最为严重。但由于行业质量检测标准的缺乏，对于防水质量的检测，只处于对材料本身的测试，并未涉及材料与混凝土配合效果。为此，迫切需要寻找适合多类型材料防水性能合适评价方法。

2 渗透率评价方法机理及应用现状

渗透率是指在一定压差下，岩石允许流体通过的能力，是岩石固有的物理性质。渗透率也是目前石油天然气行业用于评价岩石结构中液体流动能力常用方法，岩心柱塞中液测渗透率大小计算用达西公式见公式（1）。

$$K=\frac{QL\mu}{A\Delta P} \quad (1)$$

式中，K：岩心柱塞液测渗透率，$\times 10^{-3}\mu m^2$；ΔP：岩心柱塞两端压差，MPa；Q：岩心柱塞出口稳定流量，cm^3/s；A：岩心柱塞端面横截面积，cm^2；L：岩心柱塞长度，cm；μ：流体黏度，mPa·s。

岩石液测渗透率测量使用岩样尺寸为圆柱形柱塞，横截面积根据实际需求，包括Φ25mm、Φ38mm、Φ50mm、Φ75mm、Φ100mm等多种范围，柱塞长度一般为直径1. 5~2. 5倍。岩石柱塞中液测渗透率测量常用方法包括恒压法、恒流量法两大类。其中，恒压法通过控制柱塞两端流体流动压差恒定不变，测量岩样柱塞出口端面流体流量稳定值，以此参考达西公式计算岩心柱塞液测渗透率大小。与此相对应，恒流量法控制岩心柱塞入口端流体流量稳定不变，测量岩心两端稳定压力大小，再利用达西公式计算岩样柱塞渗透率（胡昌蓬，2012）。此外，针对特殊类型地层岩石，其他渗透率测量方法包括压力脉冲法（Brace W F，1980）、压力振荡法（Cowan，1960）、核磁共振法（Timur A，1968）等，但这些方法应用范围相对较小，测量设备昂贵。

目前石油天然气行业评价地层中液体流动封堵效果仍然缺少具体标准，不同学者往往以封堵前后地层渗透率下降幅度评价不同材料封堵效果（温哲豪，2015）、（朱立国，2016）。考虑混凝土墙体中渗水问题与岩石中液相流动形式相似，防水材料封堵混凝土中液相流动效果与石油天然气开发过程中封堵材料封堵地层岩石中液相流动效果接近。为此，将以渗透率下降幅度为指标引入室内实验评价防水材料封堵效果理论可行。

3 防水材料室内封堵效果评价实验

室内实验利用混凝土制作柱塞状样品，通过评价混凝土柱塞初始状态下稳定压差驱替清水渗透率表征混凝土中原始渗水能力。再优选目前市面上使用较多钢塑泥作为实验评价目标防水材料，实验评价混凝土柱塞一端粘结钢塑泥后稳定压差驱替清水渗透率，以防水材料封堵前后渗透率下降幅度表征防水材料封堵效果。考虑实际防水材料粘结混凝土墙面过程中可能存在空隙，室内分别评价防水材料直接粘结混凝土表面封堵效果以及含空隙防水材料粘结混凝土表面封堵效果实验。实验原理图见图1。

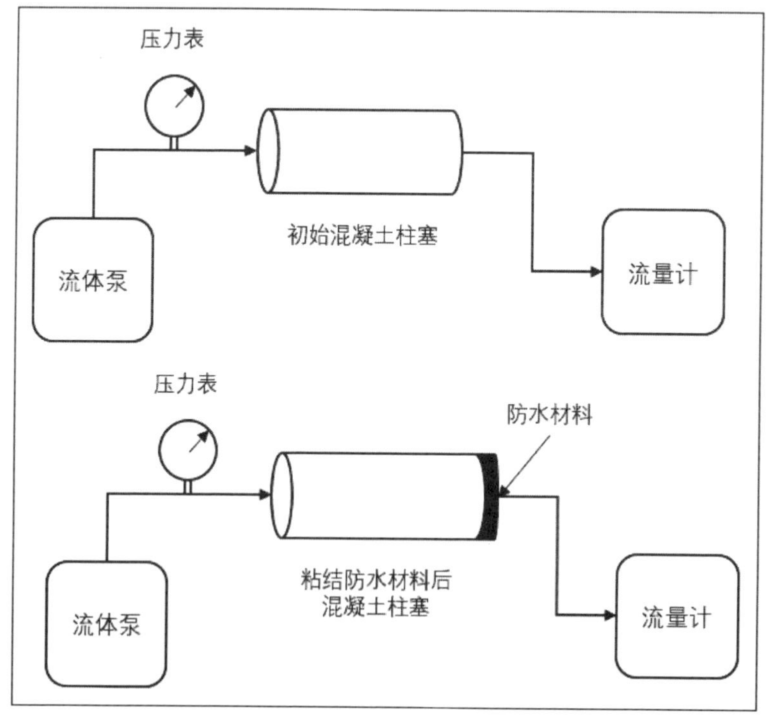

图1 防水材料封堵效果评价实验原理图

图1中，实验过程流体泵使用清水为民用自来水。

3.1 防水材料直接粘结混凝土封堵效果评价实验

选择目前国内市场普遍使用墙面防水材料钢塑泥，室内实验对比混凝土表面粘结防水材料前后清水渗透率下降幅度，以此评价防水材料与混凝土直接粘结后封堵清水效果。（1）利用混凝土制作Φ25mm×50mm柱塞3枚，编号1#~3#。（2）柱塞出口端无压力，从柱塞入口以稳定压力1MPa持续注入清水，至柱塞出口端有清水稳定流出时，停止注入并记录此时渗透率大小K_p。（3）将3枚柱塞出口端分别粘结防水材料，再从入口端以1MPa压力持续注入清水，至柱塞出口端有清水稳定流出或者入口压力超过5MPa，停止注入并记录此时渗透率大小K_b。（4）定义防水材料封堵性能系数S，以混凝土柱塞粘结防水材料前后渗透率下降幅度计算，见公式（2）。

$$S=\frac{K_b}{K_p}\times 100\% \quad (2)$$

式中，S为防水材料封堵性能系数；K_p为混凝土柱塞未粘结防水材料前初始液测渗透率，$\times 10^{-3}\mu m^2$；K_b为混凝土柱塞粘结防水材料后液测渗透率，$\times 10^{-3}\mu m^2$。

计算1#~3#混凝土柱塞防水材料封堵性能系数，如图2。

实验中，测量1#~3#混凝土柱塞初始液测渗透率Kp分别为125.73×10-3μm2、146.09×10-3μm2、133.47×10-3μm2，柱塞出口端粘结防水材料后液测渗透率Kb均下降至0，3枚混凝土柱塞中防水材料封堵系数均为100%。实验表明，防水材料直接与混凝土粘结后降低整体材料中清水渗透率至0，防水效果理想。

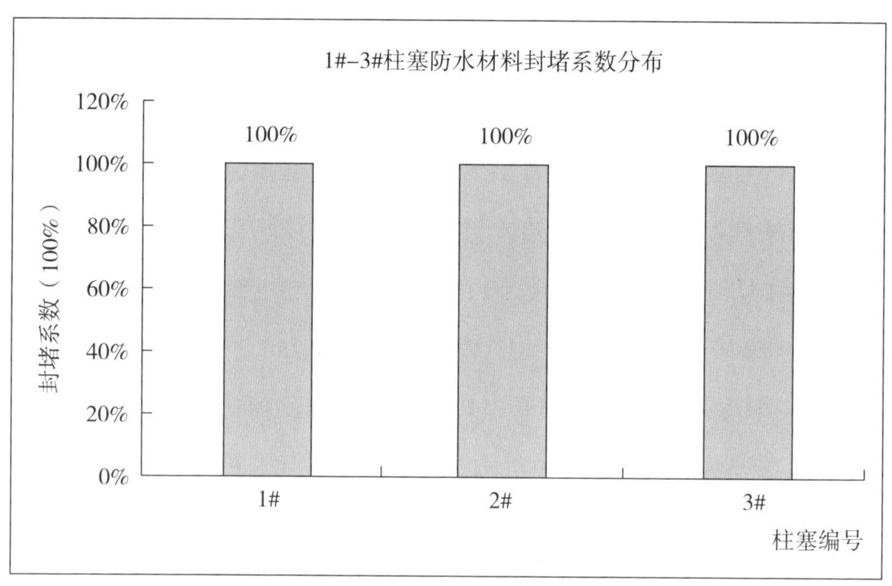

图2　1~3#混凝土柱塞中封堵性能系数分布

3.2　含空隙防水材料粘结混凝土封堵效果评价实验

选择目前国内常用墙面防水材料钢塑泥，室内实验模拟含裂缝结构混凝土柱塞，测定柱塞端面粘结防水材料前后清水渗透率大小，以此评价当防水材料与混凝土粘结结构间含有空隙时封堵清水效果。（1）利用混凝土制作Φ25mm×50mm柱塞3枚，编号4#~6#。（2）从柱塞入口端以稳定压力1MPa持续注入清水，至柱塞出口端有清水稳定流出时，停止注入并记录此时渗透率大小Kp。（3）将3枚柱塞出口端涂抹一层水溶性蜡后再黏结防水材料，利用清水注入并溶解水溶性蜡后，控制防水材料与混凝土柱塞端面间形成孔隙，模拟实际防水材料与墙面间空隙。（4）从混凝土柱塞入口端以1MPa压力持续注入清水，至柱塞出口端有清水稳定流出或者入口压力超过5MPa时，停止驱替并记录此时渗透率大小Kb。（5）计算4#~6#混凝土柱塞中防水材料封堵性能系数大小，如图3。

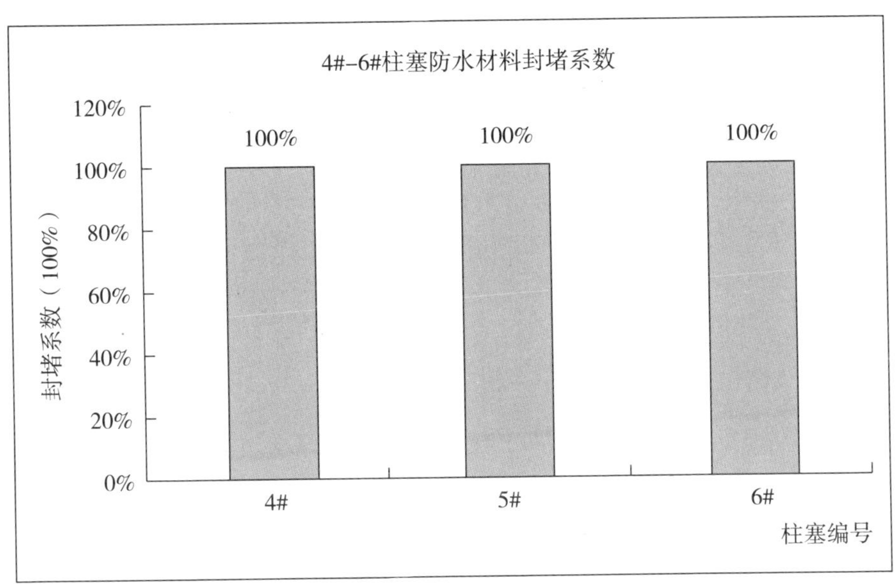

图3 4#~6#混凝土柱塞中封堵性能系数分布

实验中，测量4#~6#混凝土柱塞初始液测渗透率Kp分别为149. 24 × 10–3 μ m2、129. 73 × 10–3 μ m2、115. 63 × 10–3 μ m2，混凝土柱塞入口端粘结防水材料后液测渗透率Kb均下降至0，计算3枚混凝土柱塞中防水材料封堵系数均为100%。实验表明，防水材料与混凝土间存在空隙时仍然能够有效封堵混凝土中液相流动。

4 结论

1. 针对现有防水材料封堵效果评价实验方法缺乏，以封堵前后混凝土中清水渗透率下降幅度定义封堵系数，能够有效评价防水材料封堵效果。

2. 室内实验评价防水材料与混凝土直接粘结以及间隔空隙粘结两种情况下封堵系数大小，结果表明该类型防水材料有效降低混凝土中清水渗透率至0，封堵系数达100%，复合与实际防水效果，实验方法评价效果合理。

3. 目前室内利用渗透率下降幅度评价防水材料封堵效果实验中，混凝土柱塞尺存、入口压力控制方法等参数仍然参考石油天然气领域措施，后续可根据防水材料使用环境，形成适合的防水材料封堵性能评价标准。

参考文献

[1] 杨军，张贺霞. 试谈防水材料在建筑工程中的应用 [J]. 科技信息，2012，No. 413 (21).

[2] 四川省建工局十大队. 卷材防水屋面气泡的成因及其改进意见 [J]. 建筑结构，1972，(4).

[3] 牛光全. 我国建筑防水材料及防水施工技术 [J]. 建筑技术，1994，(4).

[4] 朱今天. 国内新型防水材料现行标准质疑 [J]. 中国建筑防水材料，1995，(1).

[5] 朱志锋. 论屋面防水渗漏质量控制 [J]. 四川建材，2008，No. 145 (5).

[6] GB/T 27192-2012岩心分析方法 [S]. 北京：中国标准出版社，2013.

[7] 胡昌蓬，宁正福. 室内渗透率测量方法对比分析 [J]. 重庆科技学院学报（自然科学版），2012，14 (1).

高中生数学学习兴趣现状调查与提高途径

高二第二学期

【摘　要】提高学习兴趣一直是保障学生综合实践能力的关键。本文在高中生数学学习兴趣现状调查的基础上，指出了高中生数学学习兴趣提高的途径：通过巧用多媒体优化教学情境、通过整合教学内容来优化教学方法、通过延伸数学课堂来优化作业布置、巧用数学知识提高实践能力，这是培养数学核心素养、提高学习兴趣的重要方法。

【关键词】高中生　数学学习兴趣　现状调查　提高途径

提高学习兴趣一直是保障教学效果和学生综合实践能力的关键。《国家中长期教育改革和发展规划纲要（2010—2020年）》指出，我国正处在改革发展的关键阶段，这凸显了提高国民素质、培养创新人才的重要性和紧迫性。《2018年高考全国统一考试考试大纲：理科数学》也要求考生对所列知识内容有较深刻的理性认识，对空间想象、抽象概括、推理论证、运算求解、数据处理能力以及应用意识和创新意识提出了较高的要求。在高中数学教学中，教师要全面贯彻落实高中各科课程标准、教学大纲和考纲，全面了解学生的兴趣点，采取有效方法最大化地提高兴趣度，为培养学生的能力与素养做好铺垫。

一、高中生数学学习兴趣现状调查

以某地区高一年级为例，研究者对3个班级154名学生进行问卷调查，了解学生数学学习兴趣现状。研究者从学生对数学学科兴趣度、数学学习动机、自主学习情况等出发，科学编制了关于“数学学习兴趣现状”的测试题目。各选择观点用“完全符合”、“符合”、“不确定”、“不符合”与“完全不符合”进行表述，相应的分值为即5、4、3、2、1。编制好之后，研究者请学生在课堂上完成并回收问卷，然后利用SPSS软件，合理统计获取的信息数据，利用平均分、回归分析法等，通过全面、客观地分析，进行合理化整理。

在调研过程中发现，高中生的数学学习兴趣有待提高。高中生数学学习兴趣不高的原因体现在多个方面。首先，50%以上的学生参与数学课堂的主动性不高。在课堂问题的解决过程中，部分学生被动地依赖教师的讲解，有效思考课堂问题的程度不高。其次，在解答数学试题的过程中，45%的学生没有掌握必要的解题技巧，尤其是新题型的解题技巧。多数情况下，学生需要在教师指导下才能顺利解决问题，自身不注重归纳总结，多次犯同类错误。最后，大约60%的学生对课后数学作业的重视程度不高，不注重深层次挖掘课后作业中重要元素，不注重巧用课堂掌握的知识点挖掘自身潜能，科学解决难题与新题，也不注重数学知识在生活中的应用，从而影响数学综合实践能力的提高。

二、高中生数学学习兴趣提高途径

1. 巧用多媒体，优化教学情境

巧用多媒体，优化教学情境，是提高数学学习兴趣的有效路径。以高一上学期“基本初等函数（一）”章节下的“幂函数”为例，上课前，教师可以根据不同层次学生的数学水平及兴趣度，结合该章节前面所学的“指数函数”、“对数函数”课题知识，在仔细解读“幂函数”课题内容的基础上，利用多媒体集“图片、文字、音频”等于一身的特点，科学整合函数新旧知识点，以“文字+图片”、“文字+动画”等形式，动态化呈现抽象而复杂的“幂函数”课题重难点知识。在课堂教学中，可以先让学生观看“函数”知识点短片，回顾“指数函数”和“对数函数”重难点知识，从而巧妙引出“幂函数”的新课内容，顺利点燃学生的学习兴趣，主动参与到学习中。

可以借助多媒体，将“幂函数”知识具体化。在知识点讲解过程中，教师可以向学生动态呈现抽象化的“幂函数”定义、性质、图像、表达式等；可以利用设置的课堂问题，进一步优化“幂函数”课堂教学情境，强化学生课堂参与意识，成为学习的主体。教师要引导他们积极思考，准确把握“幂函数”课题的基础性知识。随后，教师可以将“幂函数”课题重、难点知识与前面所学的“指数函数”和“对数函数”知识有机整合，科学设置课堂问题，比如，“指数函数”、“对数函数”与“幂函数”间的区别与联系，引导学生探讨、分析并解决对应的问题，准确把握本课的重难点知识，实现教学目标，提高学生的学习兴趣。

2. 整合教学内容，优化教学方法

将内容整合及教法优化放在核心位置。数学学科的系统性和严密性决定了数学知识之间深刻的内在联系，包括各部分知识的纵向联系和横向联系，要善于从本质上抓住这些联系，进而通过分类和综合，构建完整的框架结构。以高中必修4“三角函数的图像与性质”章节为例，在教学过程中，可以从学生的兴趣点出发，通过网络等途径收集经典例题与错题，根据学生个体差异与教学重难点内容进行多维度地解读，有机整合一系列知识点，让教学内容层次化、趣味化，避免单一化、模糊化。

巧妙应用现代化的教学方法。可以根据知识点的难易度，结合三角函数解题技巧，比如，“sina+/-cosa”问题，运用三角“八卦图”；“切割”问题转化为“弦”问题；也可以融入数形结合、归纳等方法，采用小组合作学习方法，引导学生进行合作探究，相互探讨、交流，利用掌握的正弦、余弦等知识点，巧用解题技巧科学解答相关试题，准确把握三角函数的性质以及图像特征、绘制步骤等，完善构建相应知识结构体系，真正实现新课标的目标。

3. 延伸数学课堂，优化作业布置

布置课后作业是夯实学习效果的必要环节。教师要科学分析课后作业布置环节中存在的问题，针对学生的学习程度及课上学习效果反馈，差异化地布置作业。要创设有一定深度和广度的新颖问题情境。要注重问题的多样化，体现思维的发散性；精心设计考查主体内容、体现学科素质的研究型、探索型、开放型练习。

以高中必修2“圆的方程”章节为例，在学习该章节内容之后，教师要科学延伸数学课堂，优化作业布置环节，要根据该章节重难点内容以及难题、新题，科学设置“圆的方程”课后基础题、巩固题与提升题，以便基础较差的学生能够在完成课后作业的同时掌握“直线与圆”、“圆与圆”位置关系等重要知识点以及必要的解题技巧，避免混淆知识点；而基础较好的学生也可以在巩固课题基础知识的过程中有所突破，快速而准确地解答章节难题及新题，有效提升数学解题能力，在强化自主学习意识的同时，顺利激起发学习兴趣。

4. 巧用数学知识，提高实践能力

生活中处处可以使用数学知识解决问题，所以提高数学知识的应用性至关重要。针对不同层次的学生布置不同难度的实践任务，是提高数学实践能力的有效方法。《2018年高考理科数学考试大纲》强调科学性、严谨性、综合性、应用性，因此数学教学可以强化应用意识，设计切合教学实际和学生年龄特点的习题，注重数学思维方法和解决问题的能力，展现数学的科学价值和人文价值。

坚持以实践能力为重。着力教会学生优化知识结构，丰富社会实践，提高学习、实践和创新能力，主动适应社会。以高中必修5“解三角形”章节为例，在学完知识点之后，可以围绕学生的兴趣点，联系日常生活实际，设置趣味化、生活化的课后实践试题。教师要根据班级学生已有的数学水平，坚持因材施教的原则，科学设置层次鲜明的课后实践试题，基础题、巩固题与提升题，要求不同层次学生融合课上所讲的重难点知识，在实践中活用“正弦定理与余弦定理”等知识点与解题技巧，探讨、分析并解决实践中遇到的问题，顺利完成课后实践试题，并根据“解三角形”知识点，充分挖掘自身潜力，进行合理化地应用举例，进一步深化对章节内容的理解程度，在提高数学综合实践能力的过程中，顺利激发学习兴趣。

三、结语

国运兴衰，系于教育，而提高学习兴趣，加强教学创新，是实现教学目标的关键。高中数学作为整个教学体系不可或缺的组成部分，是学生学习水平的重要体现。在全面实施素质教育的背景下，提高学习兴趣成为培育学科核心素养的首要前提。巧用多媒体、整合教学内容、延伸数学课堂、提高实践能力，这是提高学习兴趣的重要方法。坚持育人为本，以改革创新为动力，以提高教学质量为核心，全面实施素质教育，根据学习兴趣影响因素优化教学方法、内容筛选、作业设置等，才能提高教学效果，增强学生适应社会和就业创业能力，培养创新型、实用型、复合型人才。

参考文献

[1] 国家中长期教育改革和发展规划纲要工作小组办公室. 国家中长期教育改革和发展规划纲要（2010—2020年）[EB/OL].（2010-07-29）[2010-07-29] http://old. moe. gov. cn/publicfiles/business/htmlfiles/moe/info_list/201407/xxgk_171904. html.

[2][4] 中华人民共和国教育部. 2018年高考全国统一考试考试大纲：理科数学 [EB/OL].（2017-12-18）[2017-12-18] http://www.gaokao. com/e/20171218/5a377d0183ae8. shtml.

[3] 殷娜. 在高中数学教学中如何激发学生的学习兴趣 [J]. 西部素质教育，2016，2（16）.

第二部分

含英咀华　慧语文章

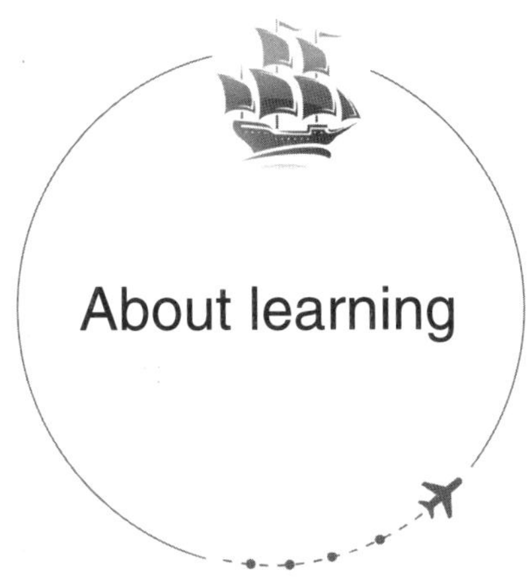

A self-introduction letter to my English teacher

Sep. 27th, 2016, the first term of Grade 1

Writing task

请给你的英语老师写封信，说出你上英语课的整体感受、对未来的打算和对英语老师的期望，让英语老师足够了解你。

要求：意思连贯，逻辑通顺，100词左右。

English version

Sep. 27th，2016

Dear Teacher,

I'm glad to write this letter to you. I'm Jack from Class 4，not Jack from Class 3. Of course，I want to do better in English than Jack in Class 3，so I am training hard. I'm not very easy-going，but I have a golden heart.

Just like other boys，I'm crazy about sports，and soccer is my favorite. I often play soccer with my classmates in my free time. I enjoy watching the ball fly into the goal. I think it's really relaxing while playing soccer and the sad things would be taken away.

Well，I'm a little nervous about the English class because I'm not good at English since I was in Junior high school. English has become my worst subject and the poor dictation score is the best certification. Besides，I still have difficulties in speaking and reading English passages. But I have remembered that I get low score because I hardly ever reviewed English after class. So if I correct such unfavorable behavior，the result will be much better. So I'm more confident now.

I will try hard to learn English well. I plan to read more English books in order to get rid of my poor reading ability. As I'm a little shy，it would be better if you could let me answer more questions during class.

Hope I'll be better with your help. Thanks.

Best wishes,

Jack

My ideal library

The final-term exam, the second term of Grade 1

Writing task

请就你理想中的图书馆做详细说明，详细介绍它的位置、布局和特色。

English version

My Ideal Library

My ideal library is located in the center of city and many people are living around. It is not only a remarkable building but also a garden. And people can choose books on various fields between bookshelves decorated with the flowers.

It is a big library with modern appearance and convenient facilities. It is featured with three functional sections: the science book area, the novel area and the learning area. The novel area is on the southwest of the library. Reading on the grass you may feel relaxed and realistic while immersed in different stories. The science book area is on the northeast and a wide range of works on science can be displayed here. It is filled with numerous plants and people will know more about plants with the help of the books. The learning area is on the southeast of the library. We have wooden floors and many comfortable tables, chairs and pictures so people will learn more easily within the beautiful view. The gate is on the northeast.

The library is designed to be the destination of all. The most innovative part is the central heating and air cleaning systems that operate 24 hours a day using solar energy. The principle of the design is to offer the best to the readers and do the least harm to the environment.

I think my ideal library is special because I combine garden scene into the library. People will have a better mood while reading, isn't it? Hope you'll like it.

A letter of inquiry

Unit 19, the second term of Senior Grade 2

Writing task

假设你是李华，计划暑假期间去英国学习英语，为期六周。一则广告引起了你的注意，请给该校写封信，询问有关情况。

English version

Dear Sir,

I am writing to you to consult for more information about your courses. I'm interested in your service, and it would be better if you can provide more information.

I have read that you have classes with 3 week, 6 week, and 12 week courses. Because my time is limited, I would like to know about the date the class begins, how many students there are in a classroom and how many class hours we will have in a week.

Besides, I want to know how much the reasonable fee is for such classes. I need to know about the price. Another query is about the type of accommodation so I can prepare for it. It is quite necessary for me.

I would be grateful if you could possibly send me relative details. Could you possibly send the answers to my e-mail: ×××. Thanks for giving me the information. I'll sign up the course if it fits me.

Yours,

Li Hua

Comments on my performance in oral English classes

Grade 2, 2017

Writing task

假设你叫李华，Vanderjvck先生是你的英语老师。本学期的口语考试已经结束，请就你的备考情况和考试中的表现进行分析，并说出今后的改进计划。

English version

Dear Mr. Vanderjvck,

I'm writing to explain how I comment on my performance in the oral English classes this semester.

Firstly, I have tried to make full use of time in various classes, whether it is poetry class, phonology class or poem class. I have spent most of my focus on learning. Although it's a little harder for me, I never want to give up. Secondly, I seldom speak Chinese nor sleep in oral English classes. Finally, I am serious towards my homework. For example, as to reciting English poems, I have practiced again and again, until I could speak them out fluently.

However, it's a pity that I haven't done my best in the oral classes this semester. There are still some shortcomings I should pay attention to. One needs special mention is that I seldom raise my hand to answer questions before the whole class. Also I sometimcs speak Chinese to discuss with my partner. So I give myself 40–50 marks—but I will be more hardworking next term—I will answer more questions and spend more time discussing with teachers after class, and speak less Chinese during classes. Believe me, please, and I'll do my best and be much better next term.

Yours sincerely,

Li Hua

Chamber of China

The first term of Senior Grade 3

Writing task

假设你是红星中学高三学生李华。上个周末，为给你校的外籍学生营造学习中文的良好氛围，你们班布置了一间“中国小屋”，作为外籍学生日常学习中文的教室。请详细介绍布置这间教室的过程，并向校刊《英语园地》投稿。

【重点短语】中国小屋：Chamber of China　呈现新面貌：take on a new look

English version

In order to create an atmosphere suitable for the foreign students to embrace the glorious Chinese culture, last weekend our class decorated a classroom and changed it into a “Chamber of China”.

On hearing the idea of the “Chamber of China” from our teacher, all of us were excited to play a part in spreading Chinese culture. We soon devoted ourselves to busy preparation. Before we got started, we had a discussion to come up with how to add Chinese elements into the classroom while ensuring that it was practical enough for daily study and activities.

In the morning, the teacher assigned us to decorate the room. It was not long before we embarked on transforming the classroom. First of all, we had a thorough cleaning for our classroom. Some of us moved the desks and chairs away to clear the space, some swept the floor, and some cleaned the windows, and so on. After making our classroom tidy and clean, we began the vital step of decoration. Everyone was working with high spirits. Some put up the traditional Chinese paper cuts and paintings, whose pattern symbolized prosperity and happiness, while others drew lanterns and the Great Wall on the blackboard, accompanied by the Chinese characters reading "Chamber of China". With the Chinese drawing pieces stuck on the wall, lanterns drawn on the blackboard, and all kinds of pieces of Chinese culture decorated, the classroom was filled with Chinese atmosphere. Looking at our classroom everyone was filled with joy.

The next day, we invited our foreign students to visit our Chamber of China. We showed them the paintings and introduced the abundant meaning of each decoration as well as the profound history of Chinese culture. What we did really moved them. The foreign students were amazed by the decoration and couldn't help clapping their hands and giving us thumbs up to express their excitement and appreciation. After that, when seeing them learning Chinese in our decorated room, we were all proud of ourselves to do such a nice job.

As our work was well received, we could not help feeling proud and satisfied. Preparing the Chamber of China won us the friendship of the foreign students. Besides, I was deeply aware that it was our duty to introduce profound Chinese culture to foreign friends and there are many things we can do to promote Chinese culture to more foreign friends. I will do more and much better in the future.

Comments on College Entrance Examination

The first term of Senior Grade 3

Writing task

大学入学考试是每个高中生都会经历的。请就大学入学考试的利与弊做详细分析，并说明我们应该如何面对高考。

English version

The College Entrance Examination has always been a hot topic among Chinese students and their parents, especially among senior high school ones. The exam has both advantages and disadvantages. On the one hand, it a kind of test that will partly determine one's future development. It will be horrible if one fails the exam as such failure means that one cannot go to famous universities, which will have a bad impact on his/her future development, and finally influence your life after graduation. So pressure on students makes them feel tired, which will be bad for their health and minds. On the other hands, the College Entrance Examination is necessary because it's a fair way to test students nationwide, whether they are from cities or countryside. Maybe students from countryside can get better jobs instead of doing physical ones, they can get broader view, wider social circles, higher salaries and more room to support themselves. Similar conditions also determine students from cities. Therefore, the College Entrance Examination is a good choice for them to change their lives.

In my opinion, senior high school students should experience the College Entrance Examination to prove their ability and train their persistence for further hardship. It provides an equal opportunity to get better education. No pains, no gains. After one has climbed to the top of the mountain, he/she'll feel relaxed and confident about ourselves. Nothing is impossible if we have tried our best. More beautiful scene is waiting for us to discover, enjoy and explore. So cheer up, dear friends, if we have exerted our utmost efforts, the bright future will be definitely waiting for us!

Reading report of *The Adventures of Tom Sawyer*

The first term of Senior Grade 1

Writing task

请简要介绍小说《汤姆·索亚历险记》，并做相关评析。

English version

Reading English books is a good way to learn English well. So before I enter senior high school, I had read some English novels. I also read an English book this summer vacation. Its name is *The Adventures of Tom Sawyer*. I ever read the Chinese version when I was in Grade 7, so it's much easier for me this time.

This book is very famous around the world. It was written in 1876 by an

American novelist called Mark Twain, and it is about a naughty boy called Tom Sawyer. The book is about his mischiefs and his adventure experiences. Tom's parents died when Tom was very young, and his aunt, Polly, took care of him. On the beginning of the story, the writer showed that Tom is a clever and naughty boy, he made various laughable actions after he fell in love with Becky Thatcher, the daughter of the judge. On a picnic of Tom and Becky and their friends, Tom and Betty got lost in a deep cave. Becky was nearly hopeless, but Tom didn't give up and try his best to look for the way to get out, finally they succeeded.

I have learnt a lot from this story. First, be calm when you meet trouble. Staying calm can make you thinking carefully and you can solve the problem in a better way. Second, never give up. Success comes from insists, we can only succeed with persistence.

I admire Tom Sawyer very much because he is very clever and calm while facing problems. In a word, reading this book makes me learn a lot. I think I should learn from him.

Introduction of *The Dairy of a Wimpy Kid*

Sep. 22nd, 2016, the first term of Senior Grade 1

Writing task

请简要介绍小说《小屁孩日记》，并做相关评析。

English version

Hello everyone, I'm Jack from Class 4. You may be familiar with *The Dairy of a Wimpy Kid*, because two of my classmates have introduced about it. Don't be tired of this book. Now let me tell you something different about it.

The main character of this book is Roderick, Gray's older brother and Manny, his younger brother. When Gray is born, all the favor on Roderick is transferred to Gray. Maybe that's why Roderick doesn't like Gray. He often fights with him, and seldom helps him. To correct Roderick's behavior, their mom—Susan uses a way learned from a nursery school. Susan makes Roderick draw a picture to admit their mistake, just like (drawing the picture): I will not push over Gray anymore. But Roderick is really not good at drawing and nobody really appreciates his works.

Then let me introduce Manny. Manny is nearly three years old now, but he still can't speak well. Gray's parents have spoiled him, as Manny can do everything he wants, such as putting biscuits in the game machine, watching TV as long as he wants, and so on. In the end, Gray's parents have to use the dog rope to control him. Oh, I don't want to say anything more about it!

This is a happy family, right? Although it's not rich, and the two sons are not excellent, it's a family full of love. They laugh heartily, make mistakes, and so on. That's why they have made hundreds of millions of fans all over the world. If you want to be relaxed, then come and read with me!

That's all, thank you.

Comments on Lila and Edward

I prefer watching movies, because they are easy to understand, especially for those who are not good at English.

The movie introduced today is quite touching and Lila gives me a special impression. The movie shows that Lila is alone and nobody stays with her. But she would use drawing to show her helpfulness. For example, she has drawn for the fighting people to make peace between them; she has also drawn pictures to make the city more beautiful. Her parents may be dead when she was young, so at the end of the video, Lila draws about her parents and dreams about playing with them as before. Lila has drawn a lot of pictures in order to help other people. We can also do like that because every day is meaningful if you're optimistic.

I also feel moved by Edward, who is really a kind person. Edward is a robot, but his maker, a scientist, is dead, so he lives alone until Peg's appearance. Edward is brought to Peg's home. Edward is in love with Kin, and at last he got Kin's love, but on a Christmas's eve, he accidently hurts Kin's hand, which brings misunderstanding. He came back and lived by himself at last.

Edward is my favorite character because of his kindness. He can't got others'trusts but he has earned love and respect from me. Maybe misunderstandings are part of our life. However if everyone tries his/her best and do right things, trust and love will definitely come about between common people.

Brief introduction of Jack London and his novel *White Fang*

The winter holiday homework, in 2016, Senior Grade 1

Writing task

请简要介绍著名作家杰克·伦敦和他的小说《白牙》。

English version

Jack London was a famous American writer. He was born on Jan. 12, 1876 in California. His family was very poor and Jack had to leave school to earn money. He worked hard and tried many different jobs. Later, Jack returned to school, but didn't stay long. During the year of 1897, he went to Alaska to look for gold. Instead of getting much gold, he found ideas for his books and stories. He went back home and began to write. His writing was warmly welcomed and he became rich and famous when he was under thirty. But Jack London was not a healthy man. In poor health, he took his own life in 1916. He was then only forty years old.

White Fang is a fascinating story written by Jack London. It relates a German shepherd who was born in wilderness. When he was a few months'old, the mother wolf returned to the human life, then the dog and human lived together, relating three different kinds of life experience and exhibiting the development of human society. The more White Fang has leaned from the man-animals, the more he respects them. Moreover, however often he is beaten by Lip-lip, nothing can crush his persistence. From the plots, Jack London shows his everlasting philosophy: A man will never be beaten by difficulties and one will stick to his/her dreams no matter what obstacles are ahead.

Brief summary of *Jane Eyre*

The first term of Senior Grade 1, 2017

Writing task

请简要介绍小说《简·爱》，并做相关评析。

English version

Jane had a terrible childhood. When she was very young, she became an orphan and lived with her aunt in Gateshead. Her aunt and cousin didn't treat her well after her parents died. But she forgave them. After her uncle's death, her aunt treated her badly and at last Jane was taken to Lowood School, where she spent eight years.

Later, Jane became a governess at Thornfield, and met her master Mr. Rochester. Then true love fell upon the two persons.

When Rochester was young, he was tricked into marrying Bertha Manson, who turned out to be a mad woman a few years later. Rochester lived hopelessly until Jane's appearance.

However, when they were holding the wedding ceremony, Bertha's brother turned up and stopped them, announcing that Rochester had a wife alive. Though Jane loved Rochester with great passion, she decided to leave him. She didn't want to be a machine without feelings, nor a person who became nothing to Rochester. To seek her dignity, she wandered through the moors with no belongs. Being deadly tired and hungry, she became seriously ill. At last she was saved by the Rivers family, and lived in Norton.

At the end of the story, Jane obeyed the call of her soul and went back to Rochester in Ferndean. Finally they realized their dream of a happy marriage.

Jane Eyre is a popular heroine, who has inspired tens of thousands of readers by her self-independence and persistence. The following chosen from this book are my favorite.

1. When nobody loves you, you are more supposed to love yourself.

2. Do you think I can stay to become nothing to you? Do you think I am an automation? —A machine without feelings?

3. Do you think, because I am poor, humble plain and little, I am soulless and heartless? You think wrong—I have as much soul as you, and full as much heart!

4. It is my spirit that addresses your spirit; just as if both had passed through the grave, and we stood at God's feet, equal—as we are!

5. Women are supposed to be very calm generally: but women feel just as men feel; they need exercise for their faculties, and a field for their efforts as much as their brothers do; they suffer from too rigid a restraint, too absolute a stagnation, precisely as men would suffer; and it is narrow-minded in their more privileged fellow-creatures to say that they ought to confine themselves to making puddings and knitting stockings, to playing on the piano and embroidering bags.

Comments on *Beauty and the Beast*

Unit 18, the second term of Senior Grade 2

Writing task

请简要介绍电影《美女与野兽》，并做相关评析。

English version

I have just watched the film *Beauty and the Beast*, and it has moved me a lot.

This film tells of the importance of inner-beauty in a very interesting and clever manner. It conveyed a massage that you shouldn't judge a person by its appearance, but to seek for the true beauty. The story is about a monstrous prince and a bright, beautiful and independent young woman who fall in love with each other. The woman is taken as a prisoner by a beast in his castle. Due to the magic, all the servants are turned into enchanted staff. The leader loves the heroine, Belle, but Belle loves the beast who was a princess before. Although the beast is ugly and disgusting, Belle has discovered that he has a kind heart beneath his ugly appearance. They are married at last.

This film is adapted by Madame Le Prince de Beaumont from the eighteenth-century fairy tale. It is a romantic fantasy film directed by Bill Condon. Emma

Watson acts as the heroine Beauty. Dan Stevens acts the hero of the Beast. It uses special effects to make it more attractive. Wonderful visual effects and beautiful songs make the film more popular. The animated housekeeping items—the teapot, the candelabra and the clock are all brought to life by way of digital magic and terrific voice work.

This film suits people from all ages. Taken all the factors into account, it must be one of the most beautiful films ever made and one of the best movies that I have ever watched.

Shakespeare

The final-term exam, the first term of Senior Grade 2

Writing task

假设你是李华，你校英文报Great People栏目开展征文活动，你有意参加。请根据提示，用英语写一篇短文，介绍英国最伟大的作家莎士比亚（Shakespeare）

注意：词数不少于60。

English version

Shakespeare was born in 1564 and died in 1616. He was appreciated as the greatest writer in the UK.

He came to school at the age of 7, and began helping his father deal with work before he finished his study. He worked in many jobs, such as teacher, apprentice, salesman, etc. But it didn't stop him to be a successful writer.

He came to London in 1586, and began to work in the theatre, and tried a lot of jobs, such as groom, actor, character, etc. He found that he was gifted and began writing in 1588, and soon became famous. He wrote about thirty plays altogether and plenty of poems, and lots of them were truly famous, such as Hamlet. Also, a lot of famous saying came from his pieces, too.

In a word, Shakespeare is a great writer. I admire him very much and have learnt a lot from him.

Give our warm hands when others are in trouble

Mid-term exam, the first term of Grade 1

Writing task

假设你是红星中学高一学生李华，上周三你和你的同学张明帮助了一位倒地的老人。请根据以下四幅图的先后顺序，叙述事情的经过。

注意：词数不少于60.

提示词：紧急救援：emergency services；

给……做人工呼吸：to give sb. mouth-to-mouth resuscitation

English version

Version 1

An unforgettable day

I'm Li Hua from Hongxing Middle School. I have just heard that a student helped an old man to stand up, but the old man couldn't remember what had happened and insisted that the student had made him fall down. I was really angry and thought about not helping them anymore.

As I walked out of the school gate with my best friend Zhang Ming, I saw an old man lying on the road and it seemed that the condition was serious. As I walked near him, he looked at me and then closed his eyes. It seemed that he was in danger. Many people stood around him, but nobody helped him. I thought that he could be like that old man in the news.

Zhang Ming wanted to help him, but I hesitated for a while. I thought maybe he just wanted to get our money and pretended to be ill. But Zhang Ming insisted that we should help him, as kind people would not always be badly-treated. I was persuaded and we began to help him, using the knowledge we learnt from our classes. Zhang Ming gave the old man mouth-to-mouth resuscitation, and I called 120. Soon the ambulance came and took the old man to hospital. People around also gave their hands. Everyone there said we were kind and clever.

I still remember it now. I believe some people will add evil comments and actions upon others, but most of us have kind hearts. If everyone help others out of trouble, the world will be much better. I will also help others as much as I can in the future.

Version 2

A meaningful experience

Last Friday, I was riding home as usual when I accidentally knocked down an old man, who was also riding a bike. The old man sat on the ground with a painful look on his face, which made me worried a lot. Nervous and worried, I called my mom for help. When she learnt what had happened, we decided to take him to hospital at once.

The doctor gave the old man a thorough examination. To our delight and relief, there was nothing seriously wrong with him.

I was so sorry for him, so I took his bike to get it repaired. As I came back to the hospital, the old man and my mom were waiting for me. The old man said I was a good guy because I didn't leave him alone. I couldn't describe my feeling—sorry, glad, and thankful for the old man. Finally, he rode his bike back and invited me to his home this weekend.

The accident made me realize how important it is to take precautions. In the first place we should be careful to prevent accidents. Once such wrongs are done, we should immediately take responsibility to improve the situation. You can make others feel better if you could do something for you fault. I've really learnt a lot from that day, and I'll correct my misbehavior once it occurs and will help more people in need!

Appeal for cleaning the pond

U12 L1, the first term of Senior Grade 1

Writing task

假如你是李华，请给报社的大卫写一封信，说明人民公园里一个池塘的糟糕现状。该池塘已被严重污染，请你呼吁大家行动起来，不要向池塘里扔垃圾，并尽快清理池塘，还公园一个碧水蓝天的环境。

English version

Dear David,

I am writing to appeal to the park administration to deal with the stingy pond in People's Park. The pond is so heavily polluted that it has seriously affected people's lives.

People in the neighborhood cannot stand it anymore because of the following reasons. To begin with, a lot of rubbish is always floating on the water. Every summer, it becomes a very nasty place where huge groups of mosquitoes fly around. So people would rather stay away from the park than do morning exercise or relax there. In addition, being near our school, that pond is very harmful to the students'health. Last but not least, the proud ruins the image of Beijing, we want to leave a good impression on everyone.

Therefore, I strongly hope that immediate actions be taken to solve this problem. Firstly, to stop the situation form getting worse, the park administration should ban people from throwing rubbish in the pond. Moreover, the rubbish must be cleared and cleaned as soon as possible.

I am looking forward to reading more news about this matter in your newspaper.

Sincerely yours,

Li Hua

Suggestions on living in Beijing

U12 L1, the first term of Senior Grade 1

Writing Task

假设你是李华，下学期将有一位来自英国的外教Alex来你班任教。他迫切想了解有关你们英语学习需要得到提高的地方以及在北京居住生活需要了解的方面（food，weather，tipping，tourist attraction，leisure time，public transport，六选三），请你写信给他提供信息和建议。字数100字左右。

1. 要求

①行文之前请列提纲。

②请尽可能多地使用U12 L1里面的语言素材。凡是用上的短语或句型都请画上波浪线。

③开头已为你写出。

English version

Dear Alex,

We are very happy to have you as our English teacher. Life in China must be quite different from that in England, but I'm sure you will fall in love with China and our wonderful school.

Since you may not be aware of the needs of Chinese students, I'd like to tell you our expectations and offer you some practical advice.

At present, we are eager to improve our English reading ability. Reading can broaden our horizons, but the inconvenience of getting original and suitable English books really bothers us a lot. We will be very delighted if you could recommend some interesting books for us to read. Also, fascinated by the brilliant British culture, we're longing for more vivid introduction of British traditions.

Public transportation in Beijing is quite heavy, so here is a piece of useful advice for you. To avoid getting confused among the huge transportation system in Beijing, you may need a detailed map. Also, a metro card can set you free from endless ticket buying and changing. I must confess that annoying traffic jams often appear, so it will certainly be a good choice to take subway to get around.

You don't need to worry about tips. Contrary to the tipping system in Britain, tips are scarcely needed in China because waiters usually get monthly salary and sometimes bonus from their boss of the restaurants or hotels, etc.

Talking of the culture gap, it's likely for you to feel puzzled about the Chinese way of communication. Actually, we Chinese people don't say things directly most of the time. We use hints to get our ideas expressed. You may feel troublesome at first, but once understand the words, you will soon be fascinated by the profound Chinese culture.

Hope my introduction will make the life in China simpler for you. Anyhow, the final exam is coming, so I'd better get back to study. I just can't wait to meet you in Beijing.

Best wishes,

Li Hua

Lifestyle

Oral examination, Jan. 4th, 2017, the first term of Senior Grade 1,

Hello, everyone. Today, let me talk about lifestyles.

I have looked up the word "lifestyle" in the dictionary, which says lifestyle is "the way in which a person or a group of people live and work." In a word, lifestyle is the way you live personally. In some ways, lifestyle is our habit.

Personally, I think a good lifestyle brings benefits in everyday life. For example, healthy lifestyles like reading books, doing sports can make us learn more and build up strong health. Unhealthy lifestyles like eating too much junk food or staying up late are bad for our health.

So, how can we keep healthy lifestyles? In my opinion, we should supervise ourselves strictly, force ourselves to eat less junk food, read more books and do more exercise. In this way, we can remain far away from bad habits. Thank you.

Sharing bikes

Final-term exam, the second term of Senior Grade 1

Writing task

现在共享单车已经成为人们出行的重要交通工具。使用共享单车有诸多优势，但也存在一些问题，请具体说明，并对共享单车存在的问题给出相应的解决措施。

English version

At present, shared bikes can be seen everywhere, which brings great convenience to people. Sharing bikes have a lot of benefits. First, they provide an effective solution to the "last mile" problem since we can unlock a bike by simply scanning the QR code on it and go wherever we want. Second, it could cause less pollution. There're too many private cars in big cities, which causes too much traffic jam and air pollution. Riding a bike instead can solve this problem. Second, it could save energy. Traditional cars burn gasoline, and gasoline is a kind of energy which will definitely dry out within one hundred years. If we ride a bike, we can save more gasoline.

However, there're also some problems about shared bikes, such as illegal parking or damage to the bikes. Some people park the bikes in wrong places without considering any inconvenience for other people. Some people steal such bikes. Furthermore, we feel very disappointed when the bike we find cannot be used because the QR code is destroyed or the bike has been damaged.

To cope with the above problems, my advice is to keep more places for parking sharing bikes, the government set up some zones specifically for bike parking with bright signs, and punish people who steal bikes. What's more, all citizens should consider using shared bikes a responsibility to improve our lifestyle and promote a greener environment within the city.

I really hope that shared bikes can be made best use of in the near future. When everyone makes a contribution to the public transportation, we'll have better traffic in the near future.

A day when everything went wrong

Unit 16 Stories, the second term of Senior Grade 2

Writing task

以第一人称的口吻写一个故事，叙述糟糕的一天。

English version

Last Sunday will live in my mind forever. It was a terrible day since I went to senior high school. It was 8：00 in the morning when I woke up，only to find the alarm clock didn't ring. I knew my teacher would get angry if anyone was late for class. I hurriedly cook my breakfast，but my hand was burnt，feeling terribly hurt. As I came to the bus station，the bus had already gone. Shouting and waving my hands，I ran after the bus，but the driver paid no attention. The only thing I could do was watch the bus gradually disappearing out of my sight. As the next bus would come 30 minutes later，I got desperate. Without hesitation，I ran down the street hurriedly. It seemed that I had to run 3 miles to school，dragging my heavy school bag. On my way to school the wind was extremely cold and I began to tremble. But to my surprise，after I got to school，the guard told me that it was Sunday！ Oh dear！ What a mistake I had made！ What an awful day it was！ At that moment，my terrible day finally came to an end，and I will never forget it.

Measures taken to curb smog in Beijing

U22, May 23rd, 2018, the second term of Senior Grade 2

Writing task

自2013年以来，雾霾已经成为北京人最为关切的环境问题。请些一片报告，围绕北京如何采取措施抗击雾霾展开。

English version

This report aims to assess government performance in curbing smog and improving air quality in Beijing.

Recently, smog has become a severe problem in Beijing. It influences our flight, our traffic, and our health. There are two major reasons for the problem, one is the coal burning, the other is because of the great number of cars.

Our government hasn't ignore the smog that influence our life. They have taken measures to solve this problem. They passed laws and regulations in order to fine or close polluters. In the past five years, they have reduces about 50% of the high-pollution factories, and taken traffic control. As a result, the air is much better than several years before. Also, each person cancel outdoor baking, etc. Factories also take actions such as using clean energy such as solar energy instead of coal or gas.

To sum up, controlling environmental pollution depends on joint efforts by government, companies, and all of us. We should try out best to save our future.

A complaint letter

Unit 23, the second term of Senior Grade 2

Writing task

假设你是李军，你在2018年6月10日到某商场买了一个外国公司生产的手机（型号Dephone-S250），不久后却发现手机无法正常使用。请根据以下要点，用英文向该公司写一封投诉信。

1. 问题

①广告声称该手机质量上乘，经久耐用。

②手机不响铃，不能下载app；在室内没有信号，闹钟功能也坏了。

③售货员说该产品已售完，无法更换；无配件，无法维修。

2. 要求

公司应尽快予以更换或退款。

3. 注意

①可适当增加细节，以使行文连贯；

②词数：不少于80词。

③参考词汇：经久耐用：durable in use；配件：spare part

English version

Dear Sir,

I am writing to you about the mobile phone of Dephone-S250 which I bought on 10th June. 2018 at Tele Mall in Beijing, P. R. China. I decided to buy this kind of mobile phone that your advertisement said that the phone is of high quality, and it is durable and I hope it is so, but in fact it is not. After some time of use, it has a lot of problems. For example, the phone cannot ring, cannot log onto pad apps, and has no signals within a house, moreover, the alarm clock is not available. Maybe there is something wrong with the spare parts. I can bear the damages, but the last straw is the attitude of your salesman. They said that the products were sold and not able to change, and it has no parts and has no way. It made me really angry.

According to the Chinese law, consumer can change their product in 7 days with no reason. Your product is so different with what you say. I hope you can change my phone to a new one or refund my money, or I will take legal actions.

Thank you for your consideration.

Sincerely yours,

Li Jun

A day with a craftsman

Sep. 22nd, 2018, the first term of Senior Grade 3

Writing task

假设你是红星中学高三学生李华。在“传统文化进校园”活动中，你们向面人艺术家学习了捏面人的过程。请以A Day with a Craftsman为题，给校刊“英语角”写一篇英文稿件。

English version

Last Friday, our school held an activity called “Traditional Culture Come into School”. To participate in the activity, our class invited a senior craftsman to teach us how to make dough figurines, which turned out to be an unforgettable experience and left a deep impression on me.

Early in the morning, we cleaned our classroom and gave him warm hands when he came into our classroom and two boys helped him with the tool box. After a brief introduction of the culture of dough figurines, he showed us the basic steps and skills of making dough figurines. We stood around him and watched attentively. Old as he was, his figures were skillful, and within several minutes he turned pieces of dough into delicate figurines like Monkey King.

We are amazed by his perfect ability of changing a piece of dough into a vivid dough figurine in a short time, and can't believe that we only needs some simple things like scissors and combs. The craftsman told us several skills of making. After teaching, the craftsman began to help us with making dough figurine.

We couldn't wait to have a try in person. Because we hadn't done it before, we were all kind of clumsy and got stuck, but we tried our best to make it. Delighted to see how absorbed we were, the craftsman walked around and instructed us patiently. It was not easy as it seemed, but thanks to his help, we finally succeeded in making dough figurines in our hands. In the end, to express our thankfulness, we took a photo with the craftsman to remember the precious moment. We all raised our pieces in our hands, and jumped and laughed.

It's such a memorable activity because we've not only picked up the skills of making dough figurines, but also developed the awareness of preserving traditional Chinese culture. After this activity, we have all been more interested in it. We decided to protect it as much as we can so that our culture could continue forever. We hope we can have more activities of this kind!

A Letter to express gratitude

The first term of Senior Grade 3

Writing task

假如你叫李华，本学期即将结束，你得知Vanderjack老师即将离开你校回国。你给老师写了一封信，述说有一次你撒谎被老师识破，但得到老师宽容对待的事情。从那以后你一直心怀愧疚，一直努力做到最好。在信的最后，你祝老师一路顺风。

English version

Dear Mr Vanderjack,

This term is coming to the end, and I have learned that you will go back to your country. I don't know if we can meet in the future so I write this letter to express my gratitude. Thanks for teaching me for years, and I have learned a lot from you. You have helped me to achieve many goals and the greatest accomplishment is that I have learned to be honest.

I used to be a person who would tell lies to prevent possible criticism. One day, you asked whoever didn't pass an exam to do the dictation in your office before doing outdoor activities, but you didn't check our paper. That meant whether to do the dictation or not totally depended on one's self-discipline.

Unfortunately I didn't pass the exam, but I really wanted to play basketball after school instead of doing the dull dictation as I thought it a waste of time to spend time in the office as I considered myself smart enough to do it well next time and. So I put down my book and stealthily went downstairs. Before I reached the playground, I saw you walking towards me, with some books in hands, and getting ready for the dictation. Instantly I got nervous and did not know how to find an excuse in a calm voice. "Did you pass the exam? " You asked. My face turned red and spoke in a low voice, "Yes. " You looked deep into my eyes, and knew immediately what had happened, but you just told me not to tell lies. You allowed me to play basketball and do the dictation next Monday. I went to play basketball, but was not happy all the afternoon. I kept thinking about your expression and felt ashamed for what I have done. It's true that you care about students'progress and are strict with us, leading us to achieve one goal after another. Your strict demands are helpful for us to cultivate good habits in our lifetime. At the same time, you are so considerate and understand our students'occasional relaxation. Now I have forgotten the details on that afternoon, only to remember that you taught me to be honest. From that time on, I have been honest all the time and tried to the best person as far as I can.

Now, we are going to separate from each other. I will never forget your words that spiritually wake me up.

I hope you will have a happy journey back home!

Yours,

Li Hua

The homeless hero

The first term of Senior Grade 3

Writing task

Tom Smith是一个流浪汉。一天，他发现在一家停车场里，有一辆车前座的车窗摇下来了，车座上有一个装有400英镑的钱包。他没有把钱包据为己有，而是先在雨中等候车主两个小时，然后交给了警察，最终顺利找到了车主。请详细叙述事件的经过，并发表评论，说明“好人有好报”的道理。

English version

For many, finding a wallet filled with 400 pounds in cash would be a kind of temptation, especially for one who is living on the streets with little food and money. All of this makes the actions of the homeless Tom Smith ever more remarkable.

After spotting a wallet on the front seat inside a parked car with its window down, he stood guard in the rain for about two hours waiting for the owner to return.

After hours in the cold and wet, he reached inside and pulled the wallet out, hoping to find some ID so he could contact the driver, only to discover if contained 400 in notes, with another 50 pounds in change beside it.

He then took the wallet to a nearby police station after leaving a note behind to let the owner know it was safe. When the car's owner John Anderson and his colleague Carol Lawrence returned to the car—which was itself worth 35, 000 pounds—in Glasgow city center, they were shocked to find two policemen standing next to it. The policemen told them what Mr. Smith did and that the wallet was safe.

Later the pair thanked Mr. Smith for his kindness.

Mr. Anderson couldn't believe that the guy never took a penny. To think he is sleeping on the streets at night when he could have stolen the money and paid for a place to stay in. This guy has nothing and yet he thought about others instead. It's unbelievable. It just proves there are honest guys out there.

Mr. Smith's act drew much of the public's attention. Now Mr. Anderson has set up an online campaign to raise money for Mr. Smith and other homeless people in the area. Now Mr. Smith had job offers and all sorts. For Mr. Smith, this is a possible life-changing chance. The story once again tells us that one good turn deserves another.

Brief introduction about the Beijing Aquarium

The first term of Senior Grade 3

Writing task

假设你叫李华，你的一位外国朋友Judy对北京海洋馆很感兴趣。请你给Judy写一封信，介绍参观北京海洋馆的时间选择、饮食选择或公共交通工具选择，并说明相关注意事项。最后，欢迎Judy来北京。

English version

Dear Judy,

I'd like to make a brief introduction about the Beijing Aquarium so that you can have a better knowledge of it before you visit that place.

Located in Beijing Zoo, the Beijing Aquarium is the largest inland aquarium in the world. The Underwater tunnel shows a vivid and attracting world under the sea, and it's really amazing. Moreover, the undersea theatre regularly provides perfect animal shows performed by dolphins, and audience can interact face-to-face with the sea animals. I'm sure you'll be touched by the clever animals.

But there are some disadvantages about the Beijing Aquarium. Firstly, the dining hall there is too small, and the food is not delicious, but quite expensive.

Secondly, the parking lot is small, and parking is not easy for private cars. Thirdly, there're too many tourists during holidays so it is quite noisy and crowded, which is not quite comfortable for most tourists.

So my advice is to bring food by yourself, and take bus or subway during weekdays.

Despite its unfavorable facts, the Beijing Aquarium is a good place to visit.

I hope you will have a wonderful time there.

Yours sincerely,

Li Hua

The spring festival

The first term of Senior Grade 3

Writing task

假设你叫李华，你的一位外国朋友Tom对中国的春节很感兴趣。请你给Tom写封信，介绍春节的习俗，并欢迎他来中国过春节。

English version

Dear Tom,

I'm very delighted to know you're interested in traditional Chinese Festivals. Among all the festivals, the Spring Festival is the most important one and it's my all-time favorite. I'd like to share it with you.

The Spring Festival falls on the first day of the first lunar month. To celebrate it, people will light lanterns and put up spring couplets on the door as a symbol of happiness and joy. Similar to Christmas in Western culture, it's a time for family reunion. On the eve of the Spring Festival, all the family members will get together to celebrate the Chinese Lunar New Year. People will sit around the table, have a hot feast, and jiaozi is always the most traditional food. In every household, delicate food ranging from tasty snack to delicious dishes is served on dinner table. People will make more dumplings for the New

Year while watching the Spring Festival Gala. In many places, people like to set off firecrackers. Watching the splendid fireworks at midnight, we wish for a happy New Year. Children like the festival best because they will receive lucky money in red packet from their parents and relatives for good fortune.

The Spring Festival holiday usually last seven days, during which time people will go to temple fairs to watch acrobatics and lion dance or buy gifts for relatives. Everyone is busy and happy.

The Spring Festival is the time that I look forward to all year round, because it is the happiest time when I can enjoy the pure bliss of family reunion. I can enjoy some quality time with my family and hang out with my friends and relatives.

Would you like to come to China to experience the Spring Festival in person? I'm looking forward to your reply.

Yours,

Li Hua

Suggestions for the social practice course in Qingdao

Mid-term Exam, the second term of Senior Grade 1

Writing task

高一新生很快就要开始社会实践活动，这次实践活动是在青岛举行。请简要介绍在青岛进行科学实验的主要内容及休闲去处。最后，提醒大家几点注意事项。

English version

Dear Senior One students,

You will soon embrace the annual field trip to different cities, also known as the social practice course. As your upperclassman, I'm excited to share my trip to Qingdao with you, as it is a great place to visit.

Qingdao is a seaside city and also a scenic spot in Shandong Province of Eastern China. It's a famous place for its long historical culture, the comparatively cool climate and attracting scene on the sea.

As your visit there is for scientific research, my introduction will focus on the main institutes there. During your field trip, to gain up-to-date knowledge, you'll visit two famous institutes in China—the BioEnergy Institute and the Marine Research Institute. Many scientific research activities are arranged there. I'm sure you'll learn a lot there.

As for relaxation, there're some famous sites to visit—the Laoshan Mountain, the Trestle Bridge, and so on. The most attractive thing of Qingdao is the delicious seafood and you would be impressed by how delicious it is and will never forget the taste after trying once.

Also, there are some disadvantages you should pay attention to. To begin with, Qingdao has fierce seawind and cold, damp climate in April. The wind near the seaside is very strong during April, and it's a little cold and wet. Furthermore, the food in some restaurants is quite expensive and or not fresh enough. To avoid these drawbacks, please remember to take a warm coat and an umbrella with you. Next, you need to watch out if you play along the seaside while raining, as it's really dangerous. One suggestion is that you buy seafood and cook by yourself, or go to the restaurants about one or two kilometers away from the sea, where the price will be comparatively cheaper. It is also a good idea to take a travel guidebook called "the Lonely Planet" to find out the locations of fine restaurants.

All in all, I hope my advice is useful to you and hope you enjoy yourself during your stay in Qingdao.

Shao Jiayi, my favorite Chinese football player

Mar. 26th, 2017, the second term of Senior Grade 1

Writing task

请简要介绍中国著名足球运动员邵佳一。

English version

Hello everyone, I'm Jack from Class 4. Today, I will introduce a famous Chinese football player called Shao Jiayi. He is one of my favorite football players.

Shao Jiayi was born on April 10th, 1980. He is a midfielder in Beijing Guo'an soccer team. He is also a Chinese football player that has played abroad. He played in Munich 1890, Duisburg and Cottbus from the Bundesliga. He is the second Chinese football player that has played in the Bundesliga after Yang Chen. He is called "Asian golden left foot". Because of his special Free-kick skill, he has scored some important goals for his team. He is also a member of the Chinese soccer team, and got 7 goals from 40 matches.

Now, let's play a video about some superb goals by Shao Jiayi. (Show the video)

Shao Jiayi retired on October 29th, 2015. Although he is retired, he is still working as an assistant coach in Beijing Guo'an. I respect him very much, for his contribution for the Chinese football. Finally, I hope he will work better for the development of Chinese soccer career.

That's all. Thank you for listening.

Comments on Chinese tourism

Mid-term exam, the second term of Senior Grade 2

Writing task

请简要分析中国旅游业的发展现状。

English version

As a Chinese saying goes, "Read a lot of books and travel a long way." Chinese people always have the desire to explore and travel. Dating back to the very beginning, the first travel agency—China Travel Service was established in 1927, which marked the beginning of modern tourism in China, but its progress had been seriously put off due to the Second World War. And when it finally came to the 1980s, Chinese tourism has witnessed a rapid development.

Tourism in China has a colorful history and a brilliant present. At present, tourism is a very crucial part of Chinese economy and is still enjoying a booming momentum. Owing to the devotion of the last few generations, tourism in China has developed rapidly in the last few decades. As the economy is developing fast, tourism grew at a tremendous speed. Nowadays, traveling has become one of the best-loved recreation options. First of all, with the increasing income that financially guarantees the cost, a lot more people start traveling around, their footprints covering almost every corner of the world. Besides, thanks to the great advances in transportation, such as airlines, highways and railways, traveling has become much more convenient, comfortable and relaxing. In addition, travel agencies are providing all sorts of travel routines to satisfy various demands of the customers.

Tourism in China will surely has a bright future. People are more likely to enjoy eco-friendly travel and explore the unknown world, such as the underwater world and outer space. Another possibility might be virtual tourism. With the boost of AI and VR, there will be another leap in tourism. People could visit places of interest through a click on the mouse and you can see, feel and touch the world without stepping out of your home. I have great faith in our modern tourism, which will keep bringing us surprises. Tourism in China will surely embrace an amazing future.

Stephen Chaw, my favorite comedian

The first term of Senior Grade 3

Writing task

请简要介绍香港著名喜剧演员Stephen Chaw。

English version

My favorite comedian is Stephen Chaw, who is a famous Hong Kong actor, director, screenwriter, producer and businessman.

He was born in a poor family, and his parents divorced when he was very young, but it didn't defeated him. He was crazy about Li Xiaolong, and found he has gifts in preforming. He worked so hard that he was enrolled successfully.

No pains, no gains. He became a host of a children's show when he was just 6 years old, and he worked as a walk-on actor. As he got the chance of performing in a movie, he showed up prominently, and then became a famous actor with nonsense performance style in 1988. He began to write, produce, direct in a movie, and broke the Chinese box office record for many times.

He was evaluated as the landmark of the Chinese movie. This is how he got succeed.

Something interesting on soccer fields

The first term of Senior Grade 3

Writing task

请简要介绍2006年德国世界杯的情况。

English version

Hello, I'm Jack from Class 4. Today let me introduce something interesting that happened on soccer fields.

Firstly, during the match of the 2006 Germany FIFA World Cup between Croatia and Australia, Simunic from Croatia was punished with 3 yellow cards. As we know, one should be panaltied with 2 yellow cards. Simmunic got a yellow card on the 62nd minute, and got the second yellow card on the 90th minute of the match, but he wasn't panaltied. At the end of the match, he got the third yellow card. It was famous as it is the fault of the referee.

Secondly, some funny reasons are used for being hurt. Keller knocked down all his front teeth when he was playing golf. David-James sprained his shoulder when he was using tricks. Alan Mullary strained his back when he was brushing his teeth. How unlucky they were!

Welcome to Beijing for traveling!

The first term of Senior Grade 3

Writing task

假设你是高三学生李华，你得知美国笔友Peter在暑假期间要来中国旅游并在北京停留一天。他有两条游览路线：①长城一日游；②天安门广场，故宫一日游。Peter想征询你的意见。请你根据以下内容，给他写一封电子邮件。

内容包括：

欢迎他来北京旅游；

推荐路线并说明理由；

提出可以陪他游览一天。

注意：

可适当增加细节，以使行文连贯；

开头和结尾已给出，不计入总词数。

English version

Dear Peter,

I'm excited to hear that you are coming to Beijing this summer vacation. Welcome to Beijing for traveling! I'm sure you'll have a wonderful time here. I just can't wait to see you and I'm more than willing to give you some advice.

As one of the six ancient cities in China, Beijing is the nation's political, economic, and cultural center and it has become one of the most popular travel destinations in the world. As a 3, 000-year-old city, it retains so many historical places to visit and the extremely famous ones are just like what you have mentioned: the Great Wall, the Imperial Palace and the Tian'anmen Square.

Since you're hesitating about which travel route to choose, I'd like to recommend a one-day tour.

There is no doubt that theGreat Wall should be the must-see place in Beijing. The Great Wall, especially the Badaling Great Wall, is a place of interest you can't miss, especially for a newcomer. The Great Wall can be traced back to the Qin Dynasty, and it was built to defend against invasions from the north. As the saying goes, he who does not reach the Great Wall is not a true man. If you want to challenge yourself physically, there's not better choice than the Great Wall. Walking along the winding path, you will be amazed by its splendid scenery.

However the Great Wall is relatively far away from the city center. It is located in Yanqing District, 70 km north of Beijing and it takes you 1. 5 hours'bus ride from downtown Beijing. Since it's so popular among tourists, it is quite crowded on holidays. So my suggestion is that you go to the Tian'anmen Square and the Forbidden City.

The Tian'anmen Square is the biggest square in the world and the Beijing's landmark. It is located in the very center of Beijing. Here, you can also see our national flag rising early in the morning. Tourists can see many important buildings around the large square including the Tiananmen Tower, the Monument to the People's Heroes, the Great Hall of the People, the Memorial Hall of Chairman Mao, and the National Museum of China.

North to the Tian'anmen Square lies the Forbidden City, also called the Palace Museum. Once served as the palace of the emperors in the Ming and Qing Dynasties, it is the most complete and largest wooden structure complex in the world. It consists of many ancient buildings with a vast collection of high-quality antiques, paintings, ceramics, etc. I'm sure the tour will broaden your horizons and enrich your knowledge of ancient China. It probably takes about 4 hours to give a thorough sightseeing there.

The Tian'anmen Square is close to my home and it only take us one hour to get there. If I were you, I would choose the Forbidden City and Tian'anmen Square for your one-day tour.

By the way, don't worry about the tour guide. I will be available then. I can accompany you the whole day and embrace the charm of Beijing together, and we're sure to have a good time.

If you have any other questions, don't hesitate to contact me. I'm looking forward to your reply.

Hope you will have a good time here!

Yours,

Li Hua

Application as the host for the 50th anniversary of our school

Mid-term exercises, the first term of Senior Grade 2

Writing task

假如你是李华，来自高二（1）班。请写一封申请信，说明你愿意作为我校50周年校庆的主持人，并列举你适合担任主持人的各项条件。

English version

Dear Sir or Madam,

I am Li Hua from Class 1, Senior Grade 2. I'm writing to apply for the position as the host for the 50th anniversary of our school. I am a qualified candidate for several reasons.

Firstly, I'm interested in the position. Being an English host has always been my dream, which started since I was a child. Whenever I think about it, I feel a sense of excitement. I am willing to put efforts to this task.

Secondly, good teamwork and communication skills are my strengths. I am a healthy and optimistic boy of 178 centimeters in height. I am easygoing, enthusiastic and extroverted, which is well-suited for the position. I am full of passion and have developed friendly relationships with schoolmates, which makes me able to warm up the ceremony atmosphere if needed.

Thirdly, I do well in English. Three years'learning experience in America enables me to have good English pronunciation and fluent spoken English with a clear and loud voice, which is highly spoken of by my teachers and classmates. All those will ensure our foreign guests a thorough understanding of the ceremony.

Fourthly, I am quick in responding to different situations on the stage due to my hosting experience in many parties and activities in our school. I am smart and could cope with situations in the best possible way. My good personality can help attract the audience, getting on well with other hosts and react to emergent situations in the best possible way.

Fifthly, I want to challenge myself. I consider the hosting work as a perfect opportunity to improve my spoken English and challenge my ability to speak up and manage the whole activity.

I am competent for the job and am able to handle it properly. Once I'm accepted, I will devote myself to preparing for the ceremony. It would be really nice of you if you could consider me. I am looking forward to hearing from you.

Yours sincerely,

Jack

I'm qualified as the reporter at the anniversary ceremony

Mid-term exam, the first term of Senior Grade 2

Writing task

假如你是李华，来自高二（1）班。请写一封申请信，说明你愿意作为我校100周年校庆的主持人，并列举你适合担任主持人的各项条件。

English version

Dear leader,

I'm Li Hua from Class 1, Grade 2. I'm writing to thank you for considering giving me a chance to be a reporter at the 100-year anniversary ceremony for our school. I have been dreaming of being a reporter for a few years.

I'm qualified as the reporter at the anniversary ceremony. Firstly, I'm a warm-hearted and fast to respond to emergent occasions. Secondly, I have the strong ability of getting on well with people and my open-heartedness and outgoing character will helps me a lot. Thirdly, I have had some experiences of dealing with such conditions as a reporter and, as I have presided similar occasions successfully. Last but not the least, I'm good at English and my pronunciation is quite good. I passed the Oral English Test Band 9 last year. I'm sure that my loud voice and fluent spoken English will help me a lot during the ceremony.

I'll try my best to do well on such occasions. It's also a good chance to train my ability. I'm looking forward to receiving good news and more tasks from you.

Yours sincerely,

Li Hua

Actions for a greener Earth

August 2018, the first term of Senior Grade 3

Writing task

在地球日之前，学校贴出海报，要求各班积极行动，为保护地球做出应有的贡献。我班同学响应倡议，将废旧物品制成各种手工艺品，免费发放到附近社区，同时宣传保护地球的重要性。我班的活动很成功，被邀请在学校礼堂讲演，分享经验。请以此为主要内容写一篇短文，介绍相关情况。

English version

A week before the Earth Day, posters were put up on the bulletin board around our school, inspiring us to take action to protect our earth. Students in our class were deeply motivated by the encouraging words and decided to do our part. Our class came up with the idea to make better use of used materials and participated in the Earth Day activity in order to raise people's awareness of recycling. After a heated discussion, we came up with the idea of making delicate hand-made artifacts with used waste.

Then we sprang into action. We first brought to our classroom deserted cans, cardboards, worn-out clothes and empty plastic bottles, which will normally end up in the soil and river and pollute the environment. Then we spent the whole day making them into delicate handicrafts. With our creative thinking, we fold the waste paper and bottles into delicate cases, dolls, handbags, tissue boxes and small vases, which were full of fun.

Then came the Earth Day. We took our artifacts to a nearby community and gave the handicrafts away to the local residents, especially children and the seniors who were interested in them. Many people were amazed by our work and showed great appreciation to the dolls, handbags and vases. All were very happy with those unexpected gifts, especially little kids and elderly people. A girl even reached out her arm to accept the toy I had made, whose eyes sparkled with stars. While giving them away, we spread the idea of recycling and advocated the concept of environmental protection. We were more than proud of ourselves because we contributed to making a difference to our planet.

We did so well that after the activity, we were invited to share our ideas and experiences to all the students in our school auditorium. To my joy, I was honored to give a speech. I gave a presentation in the school, sharing our practice of transforming used materials into useful stuffs, which won a long round of applause and a thumbs-up with sincere admiration. I was more than proud of myself.

Such activities have granted us a good chance to get involved in the Earth-saving action. We believe we can do more for a better world.

后　记

在完善和坚持中成长

在编写本书前，我将高中阶段的试卷和练习题整理了一遍，细细体味其中的得失。看着这一张张试卷、一道道练习题，高中生活如流水一般在眼前划过，仿佛又看到了当时在磕磕绊绊中努力的我，看到了同学和老师对我的大力支持，心中不由得升起一阵感动。

现在回过头去看，当时的答题效果并不理想。很多应该记住的基础知识、应该掌握的做题方法，我并没有做到熟练应用，而且解题技能不足，导致试卷中出现了这样那样的问题。但事物都有其两面性。培根说："从错误中发现真理比从混乱中发现真理更容易。"朗费罗也说："我们有时从错误中学到的东西，可能比从美德中学到的还要多。"从这种意义上说，所有的科学都是错误先于真理而生，具体到个人，发现并改正错误是一个人成长过程中必然会经历的，只要纠正错误，正面训练，就会从挫折走向成功。正是在老师或鼓励，或批评的反复指导下，我发现一次错误就纠正一次，让错误率慢慢降低，从而逐渐走向成熟。现在回过头来看，当时的中英文作文水平较低，出错较多，我真的有些诧异，更是体会到自己现在的写作功底有了较大进步。在反复修改之后，现在的文章比以前有了一定的进步，虽然仍不完美，但我尽了自己最大的努力。

另外，在写作过程中，我重温老师和亲人的教诲，重拾同学的友谊，让我对未来充满了信心。亲友、老师和同学的帮助，让我对自己、对社会，甚至对人生不再迷茫，而是用更加积极乐观的心态去面对，不会因为辛苦而放弃，不断克服困难和挫折。我坚信，有了大家的帮助，我会怒放在青春时光中，为自己的人生画上一道美丽的彩虹！

梁启超说："少年智则国智，少年富则国富，少年强则国强。"青春是生命之晨，是播种之时，我们风华正茂，英姿勃发，一定会珍惜青春，把握青春。是海燕就能搏击风雨，是青松就能经霜傲雪。让我们承担起应负的使命，洒一路汗水，嚼一路辛苦，让青春绽放出耀眼光华。祝愿我们青年人都能实现理想，祝福我们的青春，祝福我们这个时代！

作者

2018年11月10日